羅森濤紀念專輯[illegible]一

從恐懼到永恆

From Fear to Eternity

羅伯特・羅森濤（Robert Rosenthal）◎著

王敬偉　若藏◎合譯

目　次

若水推薦序

鮑勃‧羅森濤醫師（Dr. Bob Rosenthal），乃心靈平安基金會的聯合主席，弱冠之年便與《奇蹟課程》結下了深厚的緣分。

根據原基金會會長茱麗的回憶，羅醫師與她的愛子喬納森從大學一開始就是室友，兩人形影不離。1976年，第一批《奇蹟課程》送達茱麗家裡不久，喬納森恰好邀羅森濤到他家一聚。他倆一進門就看到客廳中那一堆藍皮書；喬納森對此視若無睹，羅森濤卻不自覺地佇足於那堆書前，好奇地來回翻閱。告別之前，他靦腆地問茱麗：「我可以拿一本嗎？」茱麗很高興地說：「Of course ！」

羅醫師修習奇蹟之初，即與海倫、肯恩、比爾以及茱麗那群元老過從甚密，成了他們讀書會中最年輕的成員，親炙於四位個性迥異的奇蹟元老，故能多面且通透地了解奇蹟。基於他溫和退讓的性格，自然與跟他同樣溫和退讓且「不好為人師」的比爾最為親近。

比爾身為教授，卻視教學為畏途，常用雙關語婉拒別人的邀請：「我這位教授（professor）其實沒有什麼可教人的了（has nothing to profess）。」羅醫師在奇蹟團體中也很少以奇蹟教師自居，直到2016年，在茱麗的懇請下，才從醫療界退休，和茱麗之女共同接掌基金會。改換了角色的他，從此負起傳遞奇蹟信息的任務，並計畫在任職期間，完成他心內醞釀了數十年的夙願，將他臨床治療的經驗和奇蹟理念結合，寫出一系列「奇蹟課程的療癒原則」。

《奇蹟課程》曾把世界形容為「瘋人院」，它帶給世界的「奇蹟」，並非把我們直接送進天堂，而只是幫已被罪咎懼逼瘋的聖子恢復神智清明而已。

這正是羅醫師一生所面對的工作，無數創傷的心靈每天都在為他演出小我光怪陸離的樣板戲，恰好提供了一個奇蹟療癒的實驗場所。難怪羅醫師多次感嘆自己的幸運，一進入職場，就有機會師從比爾，讓他的治療工作得以超越心理的層次，在更深廣的奇蹟架構下，與病患一起獲得療癒。

我在茱麗家中跟羅醫師會面多次，他對於《奇蹟課程》在華人世界的發展表達了高度的關懷。故我在2021年就代表「奇蹟資訊中心」邀請他來華探訪，他欣然答應了。他知道我們華人團體一直接受肯恩思想的薰陶，故很坦誠地問：「我對奇蹟的認知與體驗比較接近比爾，你們可以接納嗎？」我說：「太好了！我們正需要這一平衡。」

＊＊＊＊＊＊＊＊＊＊

雖然羅醫師和肯恩都是精神科醫師兼心理治療師，兩位都具備了紮實的心理知識與臨床經驗，但在分享自己對《奇蹟課程》的體驗時，風格確實很不一樣。肯恩扮演的是教師的角色，而羅醫師則比較傾向治療師的陪伴與聆聽。

兩者的風格差異，絕不限於性格所致，必然還有現實的因素使然。其實，肯恩比比爾更怕走上講台。他多次開玩笑地說，如果預知自己日後扮演的角色，他一定會躲到床底下。他當初之所以答應海倫，是因為當年海倫看到這部《課程》問世不久就受到扭曲，淪為新時代思想，便屢次向他哀嘆：「我可憐的『課程』！」（My poor Course, my poor Course ！）

肯恩終於抵不住海倫的催請，早早就離開了醫療界，擔起講解整部課程之責。他早年的解說重點**並非介紹《奇蹟課程》是多麼神奇的書**，而是向當年一頭熱的奇蹟學員澄清**《奇蹟課程》並不是你們想像的那種書**。由此可知，肯恩一生的教學任務，不是分享他個人的奇蹟體驗，而是為《課程》**正本清源**，力保耶穌信息的原汁原味。

我們明白了這部《課程》當時面臨的挑戰，便不難了解為什麼肯恩如此重視奇蹟的形上理念，因為若不釐清層次架構，辨別真假虛實，《奇蹟課程》必會落回新時代的陷阱，把身體靈性化，愈修離心靈真相愈遠，又再掉入小我的「失心大計」。

肯恩曾說：「沒有佛洛伊德，大概就沒有《奇蹟課程》。」佛洛伊德對潛意識的研究，加上《奇蹟課程》對小我思想體系無情的剖析，使得肯恩對於小我瞞天過海的伎倆不敢掉以輕心。難怪我們會在他的教學記錄中，看到他在奇蹟路上不斷豎起路標，亮起紅燈，在每個坑坑巴巴的轉角處，向奇蹟後學發出警告：

「前有懸崖！」
「此路不通！」
「放慢腳步！」

＊＊＊＊＊＊＊＊＊＊

雖然，羅醫師和比爾一樣迴避老師的角色。畢竟，他從第一個奇蹟讀書會開始，便在奇蹟四大元老的思辨氛圍中耳濡目染，自然對《奇蹟課程》的原始精神有了第一手的經驗；再加上數十年的臨床經驗，如此雙重因緣，使他對於「奇蹟的療癒」具有獨到的領會——融合了心理與奇蹟兩個層次，但這種融合並非平面性的，而是刻意將心理治療的二元思維拉到奇蹟的一體高度。

我們只要看看「奇蹟課程的療癒原則」系列三本書的

書名：**《從失心到一心》、《從情愛到真愛》、《從恐懼到永恆》**，便不難看出作者的**出發點以及目標**所在，他始終是從「凡夫的妄心」、「人間的情愛」以及「人心最深的恐懼」的現實層面出發，跟我們說故事，話家常，就在說說笑笑之際，突破讀者的心防，把我們領向「一心」、「真愛」與「永恆」的歸鄉之路。

讓我引述一下第二冊《從情愛到真愛》譯者王敬偉的譯後感：

> 以人際關係為修行道場的《奇蹟課程》，再加上羅醫師得天獨厚的背景，讓羅醫師對人性有了更深的透視，針對創傷與療癒之間的微妙關係，他所提供的見解特別具有臨床的有效性與實用性。
>
> 他在書中不只引用了大量的治療案例，也為我們診斷出一般人際關係下面隱藏的小我動力。故我覺得這是一部把心理學和奇蹟理念融合得非常成熟的作品，充滿了睿智與洞見，使得本課程不再那麼遙不可及，把我們的日常生活、社會經驗，甚至歷史事件都串連在一起了。
>
> 我最佩服的是，他把千奇百怪的小我心態描寫得如此細膩，讓讀者得以感同身受，而他的描述又帶著醫師的悲憫胸懷，讀者自然而然放下防衛的戒心，

願意面對內在的陰暗面而嘗試走出困境。

＊＊＊＊＊＊＊＊＊＊

回想當年，我將羅醫師計畫訪華的消息轉告奇蹟學員時，好幾位弟兄興高采烈地開始策畫：帶他們去哪兒玩、品嚐哪家的美食。當我在羅醫師家報告這些行程規畫時，他的愛妻艾瑪在另一房間笑說：「光是聽你們的計畫，我就等不及了。」

未料到，時隔數月，艾瑪竟然罹患重病，訪華計畫只好暫時擱置。羅醫師在呵護愛妻時，不時感到暈眩，初時以為勞累所致。孰知，當艾瑪逐漸恢復後，羅醫師竟然被診斷出自己罹患了腦瘤。

那時，《從失心到一心》已經出版，《從情愛到真愛》接近殺青。在最後的半年，命如風中殘燭的他，自知來日無多，打起精神，將已經彙整成形的綱要加以編輯，最終完成了略嫌單薄的第三本書：《從恐懼到永恆》。

「從恐懼到永恆」的書名，道出了他最後的旅程——不只為人類指出了永恆的歸宿，也為自己的人生劃下了完美的句點。

「奇蹟資訊中心」為了彌補他與奇蹟華人失之交臂的遺

憾，決定將羅醫師的遺著「奇蹟課程的療癒原則」這一系列翻譯出來，讓奇蹟學員得以在心靈層次與羅醫師「神交」。

為紀念羅醫師一生的貢獻，我們特將此系列著作改為《羅森濤紀念專輯》。

最後，容我再引用第一冊《從失心到一心》的譯者王詩萌的感言：

> 我是先識其人，再譯其書，猜想這樣溫柔敦厚之人所寫的書，應該一樣是誠懇好讀的。果不其然。對我來說，這是最大的意義。一個真誠的人想在書中與你交心，把幾十年的人生經驗分享給你，寫了一部「有溫度」的奇蹟。我想讀者見慣了「說教式」的奇蹟書籍，讀到這樣的作品，必然會耳目一新。

若水誌於星塵軒 2023.7

前　言

一開始，我必須鄭重點出，《奇蹟課程》引領我們踏上的這段旅程，絕非外在之旅，因為身體的層次只能在舊有的物質世界打轉；相反的，它，純屬一段內心之旅。在這過程中，我們的心靈學會了轉變對自我身分和本質的錯誤認知，讓我們覺醒於自己的靈性真相。這一真相永恆不易，不論我們做了什麼，也不論我們如何緊閉雙眼，拒它於千里之外，它都永不改變。要知道，我們沒有改變真相的能力，因為它出自上主的創造。

說到這段旅程，我們也可以將它統稱為「從恐懼到永恆」的旅程。我要先來玩一下文字遊戲，1953年好萊塢著名電影 "*From Here to Eternity*"（中文片名為《亂世忠魂》），我把片名中的Here改成Fear，請看，很貼切吧。沒有錯，我們從恐懼開始，一直到達了旅途的終點，那時，便會意識到自己確實活在永恆中，而且一直如此。

《奇蹟課程》是這麼說的，我們投胎在這個分裂的世界，相信自己是個獨特的個體生命，存活於肉體內，在一個根本無法掌控的世界中來來往往，彼此互動。然而，「人生不如意事十常八九」，比如突發疾病、車禍、水災風災、各種流行病、金融危機、恐怖攻擊，乃至戰火連連；到了最終，這個完全受制於身體的個體生命，也註定一死，只因為身體不可能永恆不朽。我們連自己會活到哪一天都不知道，這事太可怕了——我們所熟悉的一切、所鍾愛的每一個人，隨時都可能銷聲匿跡。可以說，恐懼乃是小我的本能，我們一旦選擇認同小我而拒絕靈性，恐懼便成了**人心的**常態。

當然，我們會遮遮掩掩的，盡量不去想死亡的宿命，甚至試圖控制生命的無常，想方設法維持身體的健康，防止它受到傷害，盡可能延長它的壽命，而且愈久愈好。

再想一想，一成不變的例行公事，讓人十分安心。每天早上起床、淋浴，喝咖啡，接著忙碌一整天，然後回家吃飯、休閒、睡覺，這些都給人一種眼前事物不會生變的平安假象。太陽第二天還會再次升起，耶誕節和生日也年年照樣輪轉一次。這種一切如常的表象確實讓人安心，甚至有其必要。試問，如果人們老是思考日漸逼近的死亡，誰能熬過這一天？更不用說整個人類的滅亡了；物理學早已告訴我們，有朝一日連宇宙本身也會終止，只是遲早的問題。

時間並非永恆之物，日月如梭，年復一年，年紀越大，時間好像過得越快。可還記得小時候，夏天簡直像過不完似地，長長的七月才剛過，又迎來時間滿滿的八月。如今不再那樣了，一切轉瞬而來，倏忽而去，當你二十歲出頭，過去的二十年就是你的一生；但到了六十歲，那二十年就只是你這一生的三分之一。

確實，有盡頭之物都很可怕；未知或無法掌控的事物也令人恐懼，這儼然成了人類的命運，我們也只能自求多福了。然而，在某些從線性時間的剎那中脫身而出的片刻，我們確曾瞥見更豐盛更偉大之物。那些片刻雖然短暫，卻無比燦爛，英國詩人華茲華斯（William Wordsworth）把它形容為「永生之兆」，我在《從失心到一心》一書中，則稱之為「圓滿一刻」。在這些片刻中，我們得以體驗到無限之境，發現原來消除恐懼之道，就是只有永恆，只有它才能對治殘酷無情的死亡腳步。一旦體驗過那種片刻，必然渴望再次重溫，設法讓它們持續下去，成為常態，而這就是我們人生旅程的目標，也是整部《課程》的目標。

在小我狹隘的自我概念及世界觀中，恐懼是完全無解的，因它是一種內在預設。為此，若要超越恐懼，就得學習另一種看待自我和世界的方式；這種方式無關乎有限的小我思維，而只需學會擁抱永恆。

＊＊＊＊＊＊＊＊＊＊

可還記得〈練習手冊〉有這麼一課「我仍是上主所創造的我」，這句話在書中竟然連續出現了二十六次（W-94, 110, 112, 120, 162, 176, 201~220），可見它的意義之深重。〈練習手冊〉還告訴我們，如果真的相信這句單純的話語，它本身就足以把我們從分裂與痛苦的夢境喚醒。但顯然我們並不相信這句話，一旦我們對這個在追尋的「我」有一個錯誤的預設，所有的追尋就註定會落空。

我們的真實身分若是上主之子，那麼這個身分必如本課程所說的，乃是所有心靈共同享有的，絕不可能在分裂幻相中找到它。我們旅程的目的若只是憶起上主，那麼其他一切都只是徒勞之舉罷了。如同〈正文〉所言：「你是不可能獨自在暗中憶起上主的。……孑然獨行的旅程註定失敗，因為它一開始便已摒棄了自己所要尋找之物。」（T-14.X.10:1,7）

「從恐懼到永恆」之旅，就是要回歸上主和我們的真實自性那兒，故可說這是唯一值得嘗試的旅程，因為只有它的目的才是真實的。目的，決定了旅程的方向：何處開始，如何進行，又如何結束。《課程》曾經指出，欠缺目的，整個行程都會失去方向；同時，缺少了明確的終點，就絕對無法抵達目的地。除非旅程有一個明確的目的，並且已然臻至此境，我們才知道旅程圓滿完成了。讓我們一起為此祈禱：

> 天父，除了祢的聖愛以外，我還可能追尋什麼？雖然我可能認為自己別有他求，且賦予它種種別名。

其實，我一直在尋覓的，只有一物，就是祢的愛。除此之外，別無他物是我真正想要找到的。願我憶起祢來。除了我的真相以外，我還可能想要什麼？（W-231.1:1~5）

上主早已把我創造成我夢寐以求的模樣。我本身即是世界所追尋的那個目標。我是上主之子，祂唯一而永恆的愛。（W-318.1:5~7）

在接下來的篇幅裡，我們將會深入探討《奇蹟課程》幾個重要的教誨，讓它引領我們跨越平安的障礙，開啟通往最終目標之路，直抵上主那裡。

第1章

旅 程

邁向上主的旅程不過是再次覺醒於你的本來境界以及你的永恆真相而已。那是當下即至的旅程，目標永遠不變。（T-8.VI.9:6~7）

唯有在夢裡，這段旅程才會顯得遙遙無期。（P-3.II.8:8）

我年輕時非常熱愛旅行，記得十六歲那年，曾經和一個朋友背著背包，一起搭火車去歐洲旅遊，穿越了斯堪的納維亞半島。到了二十五歲時，我獨自踏上了環遊世界之旅，卻在紐西蘭南島徒步旅行時摔斷了腿，不得不打道回府。此外，我曾多次沿著不同的州際公路駕車馳騁於美國的中西部、西南部和東西部，穿過洛磯山脈和一望無際的德克薩斯州，還有明尼蘇達州、北達科他州、蒙大拿州。途中曾遭到粗魯的員警截停，也曾受困在狂雷暴雨中，那天雨勢太猛了，雨刷根本不管用。

透過這些旅行，我究竟要尋找什麼呢？冒險嗎？這一點毫無疑問，只要沒有招致真正的危險就行了。當然還有一種從一成不變的日常生活中解脫出來的自由感，確實，在旅行的日子裡，我每天一早醒來，最關心的就只是今天要走多少哩路、晚上在哪裡過夜。此外，還可以接觸到形形色色的陌生人和不同的文化，比如在阿爾卑斯山，我遇到一對在小路上散步的瑞士老夫婦，我氣喘吁吁地問他們：「到山頂還要多久？」他們打趣地說：「那要看你是哪裡人。」

我其實挺享受這種難得的體驗，年紀輕輕就獨自行走於世界各地。那時我也很想給人留下深刻的印象，不過現在回想起來，我倒覺得更多是在考驗自己：能在阿姆斯特丹這樣的城市隨意穿梭而不迷路嗎？可以跟不會說英語的陌生人睡在同一個火車包廂嗎？一出門就連續幾個星期和家人失去聯繫，受得了嗎？（要知道，那可是上世紀七八十年代，手機和網路並未普及，不像現在，美國與德國或中國之間的視訊通話如同喊鄰居那麼容易）然而，渴望去探索新事物的信念如此強烈而吸引人，簡直就是一種原始衝動，根植於我們的心靈結構。

在日常裡，我們逐漸不滿足已知的事物，想要敞開改變的大門，逃離熟悉的環境以及伴隨而來的煩惱壓力，前往遙遠的地平線。我們渴望發現隱藏的寶藏，例如一家新奇的餐館，一片僻靜的海灘，或者與初識的人來段精彩對話，或者就在某個遙遠的地方，那兒沒人認識自己，萬物都在歌唱「重新開始生活」。旅行，寓意著新的開始。

這就是旅行的魅力所在，但其中也有它隱藏的恐怖之處。我們一想到「改變」，其實不光興奮不已，同時也會擔心害怕。在我們放棄熟悉的事物而踏上旅程的那一刻，一大堆的「萬一」已迎面而來，就像一大群蝙蝠從沉睡中醒來，在我們內心黑暗的角落裡飛來竄去。「不怕一萬，就怕萬一」言之有理，悄悄提醒著我們：旅途危機四伏，應該理智一點，趁早知難而退。萬一出師不利？萬一迷路了？萬一遭到襲擊或搶劫？萬一真的死在路上？什麼都有可能。有什麼寶藏值得為之獻身呢？整個旅程有可能平淡無奇，也有可能目的地與自己想像中的落差太大，既令人失望又無聊，和家鄉根本沒什麼兩樣，那該怎麼辦？

還是讓別人去發現新世界吧！自己就在家裡讀幾本喜歡的書，眼前這個已知的世界不是挺好的嗎？然而，每當我們因妥協而取消出行計畫之際，那股動身上路的強烈欲望也隨之蠢蠢欲動，再次向我們招手。

＊＊＊＊＊＊＊＊＊＊

我一位高中英語老師曾經說過，所有的文學作品都可以分為兩類，以兒童讀物為例，就是《小熊維尼》和《綠野仙蹤》。小熊維尼和他身邊那些可愛的小朋友從來沒有去過任何地方，除了串串門、喝喝茶，誰也沒有離開過森林。所有事件都是發生在幾個小夥伴之間，活動範圍也僅限於森林，沒有外面的世界似的。

這也是它的魅力所在。百畝森林可能是地球上任何一個城鎮或社區，只要願意，誰都可以在那個領地裡舒舒服服生活一輩子。難怪《小熊維尼》一直很受兒童喜愛；他們最需要的就是確保他們的關係和處境是安全的。孩子們渴望一個穩定的大本營，而非一段尚未準備妥當的旅程。

相形之下，《綠野仙蹤》則是關於旅行的。生活在堪薩斯州農場的小女孩桃樂絲開始感到煩惱不安，儘管有叔叔嬸嬸呵護，但也無濟於事。當她的小狗托托被惡鄰居奪走並打算弄死時，叔叔嬸嬸什麼也做不了。為了保住心愛的寵物，桃樂絲不得不冒險帶上托托遠離家鄉。隨後捲進她生活裡的那場龍捲風，可說是她內心衝突的最佳寫照。龍捲風把她所住的房子連根拔起，從堪薩斯州農場那片熟悉的灰沉沉麥田裡，一直捲到神奇、可怕又「色彩鮮活」的奧茲國。

在奧茲國，桃樂絲已由一個寄身於農場的孤兒，搖身一變成了英雄，因那座房子墜落時，剛好砸死了一個令人討厭的東方壞巫婆。但巫婆的妹妹西方壞巫婆更為可怕，她企圖為姐姐報仇，一路追殺，發誓奪回桃樂絲腳上那雙魔力強大的紅寶石鞋。此時的桃樂絲唯一的願望就是回家，和新夥伴稻草人、鐵皮人和膽小的獅子動身踏上旅程，去尋求全能魔法師奧茲的指示，希望奧茲滿足她的願望，把她送回堪薩斯州的家。

如同《小熊維尼》吸引小孩子一樣，《綠野仙蹤》則是說給那些大孩子和青少年聽的。他們發現在家庭之外還有一個大千世界，既渴望去探索那個世界，又害怕面對未知的一切。但到了後來，他們對新事物的渴望逐漸淹沒在失去寶貴童年家園的悲傷裡，變得常常思念家園，不再對家感到**厭煩**，而是**渴望**回家了。

《綠野仙蹤》揭示了旅行本質的要素。我們不再滿足那個熟悉的家園，於是離開，走向未知的世界，尋找一個新家、一個神奇的地方，在那裡，我們會受到前所未有的歡迎、關愛和欣賞。我們認定自己必須離家出走，才能找到一個真正的家。然而，正如桃樂絲在奧茲國的旅程，我們所尋找的家其實一直與我們同在，從未真正失去過；這段旅程也只可能發生在夢中。對桃樂絲來說，那只是一個幻覺，一種頭部受傷、心靈受到劇烈衝擊的後遺症而已。

依照本課程的理念，天人分裂就是這樣一種衝擊。它還指出：「聖經僅僅提到亞當睡著了，卻不曾提到他的甦醒。」（T-2.I.3:6）這一說法與基督教科學會創始人瑪麗·

貝克・埃迪（Mary Baker Eddy）的觀點相呼應。〈正文〉用一句簡潔有力的話概括了亞當和桃樂絲的旅程：「你只是在夢中流浪，其實你安居家中。」（T-13.VII.17:7）

《奇蹟課程》告訴我們，我們只能踏上這趟旅程，此外別無選擇；而且，無論如何抗拒，都是勢在必行。就像桃樂絲一樣，這旅程會自己找上門來。〈正文〉對此有深刻的描述：「你遲早會踏上這一旅程的，因為世界並不是你的家鄉。即使你還不清楚『何處是兒家』，也不能不去追尋。」（T-12.IV.5:1~2）它接著針對旅程的目標提醒我們：「你若相信家鄉在自己的身外，你是不可能找到的，因為它根本不在你尋找之處。」（T-12.IV.5:3）

《課程》繼續叮囑我們，千萬不要追求虛假「目標」和虛假神明，因為那些永遠不可能滿足我們的渴望，只會讓我們永無休止地尋找。如同《聖經》〈出埃及記〉中的希伯來人一樣，若選擇崇拜人造偶像「金牛犢」，就只能在荒野中遊蕩，一晃就是四十年。如果旅途抵達的終點乃是「應許之地」，那四十年的光陰算是一點小小的代價吧。但萬一沒抵達呢，一輩子可就這麼糟蹋掉了。

小我就是心靈中夢見自己與上主分裂的那一部分，它像個拿了一手爛牌的賭徒，拒絕蓋牌認輸，反而虛張聲勢，不惜孤注一擲，還認定自己真的可以瞞天過海。小我總是想方設法動搖我們想要找到回歸上主之路的願望，以便鞏固它的分裂信念。其中一招就是把我們送上徒然無望的旅程，旅程的目標最多也只是為自己攫取一些特殊之物：某件物品、某個人或某種經歷，這些寶貝會讓我們顯得與眾不同，博得世人欽羨，還為我們的生命賦予不同凡響的意義。小我堅信，只有在自身之外才能找到這樣的寶貝，因它知道自己先天脆弱，一文不值（儘管它絕不會承認這一點），故它最不願意往內看了。即使它也搞些「自我成長」之類的修身之道，真正的動機卻是為了隱藏自身的脆弱感及匱乏感。結果，它所贏得的任何「成功」都會反過來證實它的脆弱與匱乏，否則它何必尋求外在的目標？小我只能在自身之外盜取它所沒有的特性，讓自己顯得強大無比且完整無缺。

因為每一項「成就」最終都會令人大失所望，小我只好展開一輪又一輪的追逐，簡直沒完沒了。更糟糕的是，這無疑暴露了小我更深層次的需求，也必然引發下一輪無休止的追逐。除此之外，還有什麼其他的可能呢？天生軟弱怎麼可能變得強大？匱乏怎麼可能成為滿足？「無」怎麼可能變成「有」？不論我們多麼執著地追逐下去，海市蜃樓永遠不會凝結為現實真相的。

我們已擁有的自性乃是出自上主的創造，無人能夠取代，更遑論虛無的小我了。永恆如是的一切是不可能有替代品的，沒有一物玷污得了自性的純淨，也沒有一物分割得了自性的完整，因為它是上主的造化。因此，小我對改善卑微自我形象的追尋，從一開始就註定要失敗，這也是為何它要永無休止地追尋下去。

小我愈是追尋，愈會引發更多的追尋，因它的目標始終虛幻不實。小我所追尋的結果也無法越雷池半步，因它無法理解超越它自身之物。我在本系列的第一本書《從失心到一心》中，曾把這種追尋比喻成遭遇海難的水手用海水解渴，喝得越多，就越渴。結果，口渴導致更大的口渴，匱乏導致更多的匱乏。

無論旅程的表象如何，或去向何處，事實上，只有一個目的地滿足得了我們，也只有一個目的地能將靈性的清泉送到我們乾渴的心中，終止我們的追求，那就是：覺醒於我們的真實自性。我們的真實自性從未消失過，也從未失落過，更不可能與我們分開過。就在旅程結束時，我們便會明白，其實並沒有什麼旅程。正如桃樂絲最終發現的，那只是一場夢而已。

穿越時空的旅程

小我的旅程就是企圖控制這無常的世界，事實上，變化無常正是小我的根本特質。小我將自身的軟弱無能投射到外面，想要藉此解放自己，卻徒勞無功，還衍生出我們眼前這個世界。但軟弱無能不會因為投射而消失，它依舊存於小我打造的世界裡。這個由無數分裂獨立的身體所構成的世界，全靠局限性和差異性來界定。對浩瀚無邊的靈性真相而言，身體本身就是一種限制，就如同人不能同一時間出現在不同的地方。

我們對空間的體驗僅限於五種感官所提供的資訊，也僅能感知到世界的一小部分。而且任何時候，不論感官關注到什麼，大腦都只能處理當中一些小小的片段。比如觀看電視時會錯過窗外的鳥叫聲，盯著手機時更是會錯過幾乎所有的東西。五官將整個世界切割成互不相屬的萬事萬物，與之對應的「色聲香味觸」就是我們世界的全部，此外再也容不下其他的東西，更別說浩瀚無邊的靈性了。畢竟，有限之物怎麼可能容納無限之境？

時間和空間一樣也是一種限制，目的就是為永恆設限。時間將經驗劃分為「過去、現在和未來」（卻又忽略「現在」），還進一步細分為年月日、時分秒。

然而，上主不只是永恆的，而且不受任何限制。祂當初也是這樣創造出我們，作為祂的本體之延伸。因此，時間只是小我想要限制上主的一種企圖。這種瘋狂的企圖衍生出一個瘋狂的世界，成了上主和靈性都無法插足之地。只要我們仍從時間的角度來處理經驗，上主和靈性也就英雄無用武之地了。

小我世界一向受制於時空法則，它所開展的旅程也必然如此：或許需要一段穿越空間之旅，不停地東奔西走；或許需要一段穿越時間之旅，縱然屢戰屢敗也要等待一個轉機。無論哪種狀況，小我的旅程都只是在它的分裂之夢中上演，那裡沒有簽證或居留證可以讓它進入天國。因為在天國，愛就是唯一的法則，永恆就是唯一的時間，上主就是唯一的真相。小我註定要在自己所營造的世界中流浪，也只能在它有限的範圍內尋求它以為的「救贖」。

因此，小我的旅程必然問題重重，最顯著的是：不論我們走到哪裡，或和誰在一起，也不論那些人事物看起來多麼了不起、多麼不可思議，我們都會隨身攜帶舊有的自我。我們改變了舞臺道具，卻從不改變劇本或演員；以身體為基礎的自我，就是我們所知道的一切（更好說是我們所相信的一切）。不論我們走了多遠，或遇到了誰，也不論我們積累了多少財富或名望，全都是基於小我本身而為之，始終受制於這個虛假的身分，難怪我們的旅程停滯不前。正如我在《從瘟疫到奇蹟：〈出埃及記〉轉變之旅，從小我的奴役到靈性的應許之地／暫譯》一書中所寫的：

> 小我狡猾無比，它也會欣然接受一套新的角色和信念……，讓我們相信自己已經改變了，其實，我們只是重新擺放一下原先的種種自我概念罷了。奴隸就算把髒衣服換掉，還是個奴隸。事實上，我們是

> 無法藉用小我思維來擺脫小我的……，如同奴隸無法使用奴役工具逃跑一樣。

只要你活得夠久，便會經常看到這樣一種模式：當一個小我目標岌岌可危時，你還沒來得及重新考慮，另一個目標立馬就頂替上來了。你失望過多少次，或受過多少創傷，都無關緊要，因為小我總會拿出另一根「胡蘿蔔」在你眼前晃來晃去，讓你不斷追尋，最終令你日益沮喪，甚至徹底放棄。當然，你或許還會下定決心，永不言棄，無論需要多久，都非得兌現自己對小我的承諾不可。也或許，你已像參與本課程筆錄的比爾一樣，作出了一個決定：「一定還有更好的途徑才對！」於是，你放下了先前所有的努力，連同它們所憑據的世界觀，開始尋找其他方式來重新看待你的怨憤。如同〈正文〉所提醒的：「別往身外追尋了」（T-29.VII.1:1），**向內**看吧！

你是誰？

你是誰？問得更確切一點，你是**什麼**？你的自我概念是如何引發你的問題？它又是如何推動你的追求卻阻礙你找到真正的解決方案？真相是，唯有你的「真我」才可能滿足你，它始終在你心內等候著你。但要找到它，首先得願意擺脫你心目中那個「假我」，以及它所帶來的一切才行。

前文說過，我們如此認同小我，註定要在自身之外尋找只可能存於心內之物。即使如此，你還是會聽到一個「偉大之物」的遙遠呼喚，縱然只是驚鴻一瞥，卻又無可泯除，只因你**就是**那個「偉大之物」。你的真相如此璀璨，是不可能完全被壓制的；不論小我多麼努力，「真相並未因而消失，它只會變得模糊不清」（T-11.VII.4:5），也因此，《奇蹟課程》的旅程根本就沒有什麼時間或距離可言。

奇蹟之旅可能需要花上一生的時間，也可能在一瞬間實現。但它並非一段探索之旅，因為在你之外沒有一物值得尋找。它只是為了讓你認出原本就知道的自己；那才是你失落的，也是你必須領回的。

> 沒有一條道路可能背離上主。也沒有一種旅程可能背離你自己。除了徹底瘋狂且愚昧的人以外，誰會想得出以此為目標的路途？它又能通往何處？你怎麼可能踏上這種旅程？你的真相怎麼可能不與你同在？（T-31.IV.10:4~8）

奇蹟之旅不會通向你身外的任何地方，因為自性之外沒有一物存在。它純粹是一段由夢境轉向覺醒的旅程，在旅程的終點，你不再是出發時自以為的你了。你會憶起自己的真實身分乃是上主的唯一造化，也是祂的聖子。其餘一切都會在這記憶中銷聲匿跡；你終於回到自己從未離開過的上主聖愛的一體之境了。

> 你不可能迷路的，因為除了祂的道路以外，沒有其他路可走；除了去祂那兒，你也別無他處可去。（T-26.V.9:8）

> 夢境一旦結束，時間便會關閉一切無常之物，奇蹟也失去了存在的意義，神聖的上主之子再也不會自訂旅程了。他再也不願繼續活在幻相而不活在真相內了。讓我們向真理邁進，沿著它標示的路途前進。這是我們最後的一段旅程，我們為所有的人而走。（W-155.11:1~4）

第2章

自　由

你沒有放棄自由的自由，你只可能否認自由的存在。你無法做出上主無意要你做的事，因為非祂所願之事，根本不可能發生。（T-10.IV.5:1~2）

你只有在迎請真相之刻，才算是真正的自由。（T-11.II.7:7）

自由乃是一種至為珍貴的理想。試問，普天之下有誰不想要自由？多少人為爭取自由而獻身？美利堅合眾國即是建立在「個人自主權」的原則之上，也就是從專制君主或暴虐政府中解脫出來。粗獷機智的「牛仔」，披荊斬棘，單槍匹馬殺出一條血路，實現了自己的目標；這種理想形象至今仍為人津津樂道。問題是，那些開闢自由之路的建國先驅們，他們本身往往就是奴隸主。

這種弔詭的現象如此諷刺，恰恰凸顯了自由的相對性，如果它只是保留給少數的菁英階層，那還有什麼自由可言？英國作家喬治·歐威爾（George Orwell）的寓言小說《動物莊園》（*Animal Farm*）中，占有統治地位的那群豬也是這樣聲明的：儘管原則上**所有**動物一律平等，但**有些**動物比其他動物更加平等。

只要有機會，每個人都寧願自己決定自己的命運。這種自主權不正是自由的本質嗎？然而，如果我們不了解各方面的具體情況，乃至其中最細微的差別，我們怎麼可能行使這種自由權？如果沒有事實根據，又怎麼可能對自己想要之物作出合理的判斷？

就以醫藥產品為例，大多數藥品都需經醫生開具處方才能取得，是因為一般人並不具備服用藥物的專業知識，根本無法作出合理的決定，反而容易被那些推銷商牽著鼻子走。醫生雖具有必要的知識，但當一種藥物的副作用太大時，政府就有權否決醫生的決定。我們接受了這種「有限度的自由」，也認定它符合自己的最大利益。但它的適用範圍有多大呢？如果一個臨終病人，在絕望之餘，願意冒險服用某種未經檢測的藥物，希望延長自己的生命，那該怎麼辦？應該拒絕他嗎？誰有權替他作決定？病人的選擇也可能是錯的，結果死得更快，又該由誰來承擔責任呢？

同樣的，是否應該限制消遣性藥物呢？比如酒精、大麻，乃至可卡因、芬太尼或海洛因之類的強效麻醉劑。人們又應該擁有多大的「自由」沉迷於自己所選擇的任何東西，即便從長遠來看，它們肯定會傷害到自己？

槍枝方面也面臨同樣的問題，而且狀況更為嚴峻。誰應該自由持有這類可能奪命的武器？它們既可用於體育運動和狩獵，但也確實有可能用來殺人，兩者之間的分界線在哪裡？這種自主權有限度嗎？誰來劃定這條界線呢？

若要針對上述每一個例子展開辯論，其實就只有一個關鍵的問題：自由究竟是服務於個體生命的需求，還是服務於集體社會的需求？

大多數美國人會回答：「自由當然是為個體之我服務了。」然而，這種信念並非普世性的，比如多半華人都認同孔子的集體思維，強調社會或族群的整體利益高於任何個體或家庭的願望。我們不禁要問，哪一位領導人能夠掌握所有的事實，來為整個社會制定出明智的政策？誰有這樣的公信力，誰能如此大公無私，足以對他人的生命作出完美的判斷？還有，這個權利又應該歸誰擁有呢？畢竟，領導者本身也是凡人，同樣會為自己謀取私利或搞些派系利益，這種誘惑永遠與他們想要造福公眾的願望相抗衡。

我在《從失心到一心》這本書也提到一個關鍵的問題：

哪個才是真正的「自我」？是集體當中的每一個個體，還是那些個體所參與的集體？我們的答案決定了我們如何看待自由——是為個體還是為集體？是為個人還是為所有人？

當然，這沒有準確的答案。一個人的自由會成為另一個人的枷鎖。你若任意公然攜帶槍枝，我必會感到害怕；我若要有安全感，你就不能在公共場合攜帶武器，但這又反過來限制了你的自由，讓你更加恐懼。就連發動戰爭、濫殺無辜，也往往打著「自由」之名，只是形式不同罷了。

只要還在小我世界裡，就不可能擺脫這種困境，因為每個人都認為自己的私心私願高於一切。只要還存有「你我不同」之見，自由就永遠是相對的——非你即我，無法兩全。

〈出埃及記〉的課題

我在《從瘟疫到奇蹟》一書中，曾將摩西和希伯來人逃脫埃及法老奴役的聖經故事看作一個寓言，它記載了一段從奴役到自由的旅程。一般人通常會把這個故事僅僅理解為毫無身體自由的奴隸，要不是遭到囚禁，就是在酷刑與死亡的淫威下，不得不為他人幹活，也因此，「身體必須從奴役當中解脫出來」。然而，〈出埃及記〉所要傳遞的信息卻另有一層深意：只要與上主同在，自由不只是可能，而且是必然的。好幾個世紀以來，這個信息一直激勵著世界各地遭受奴役的人們去爭取自由。

〈出埃及記〉一開篇，就是希伯來人在埃及新法老的統治下，受到了不公平的待遇，慘遭奴役。摩西的誕生正是為了實現上主對祂子民的承諾，帶領希伯來人走向自由。然而，這並非一趟簡單的旅程，途中障礙重重，每一步都讓希伯來人畏縮不前，一再忘記上主對他們的許諾。他們親眼目睹了埃及人遭受十大天災蹂躪，自己人卻毫髮無損。他們也經歷過劈開紅海的奇蹟，自己人安然到達彼岸之後，海水閉合，埃及士兵被淹沒在海裡，希伯來人也終於擺脫了法老和那群追兵。就連他們在寸草不生的荒野遊蕩時，也能天天以「嗎哪」（manna）果腹；這種食物每天早晨從天而降，四十年從不間斷。儘管發生了這麼多奇蹟，希伯來人仍然不斷抱怨，說他們在埃及時的生活比現在要好過得多，連摩西自己的信仰也發生了動搖。這也難怪，當初他被召喚到「荊棘火中」時（〈出埃及記〉3），也曾試圖逃避上主賦予他的使命。就在摩西離開人群登上西奈山接受上主的十誡時，希伯來人另外鑄造了一個偶像「金牛犢」。下山回來的摩西見此情景勃然大怒，下令清理門戶，屠殺了數千人。希伯來人走在通往自由之路，卻缺少感恩之心，時刻都在恐懼、憤怒、猜疑或相互指控。

〈出埃及記〉給我們很多的課題，比如上主承諾要解救祂的子民（即以希伯來人為代表的天下人），但上主要將他們由哪裡解放出來呢？他們又是被什麼東西所奴役呢？答案就是小我思維的牢籠，以及它所編造出來的、我們眼前這個世界，更好說是五種感官構成的世界。無疑的，上主必會信守自己的諾言，問題是，如果我們仍然留戀小我，尋求它的庇護且惟命是從，一想到改變就戰慄不已，我們就無法擁抱自由了。緊握雙拳之人，是不可能領受上主欣然給出之物的。可還記得〈正文〉這一句：「上天早已賜給他們自由，他們只是尚未接受而已；然而，任何禮物必須有人接下來，才代表真正給出了。」（T-19.IV.二.17:2）

〈出埃及記〉的另一個課題是：如果不知道自由究竟是個什麼樣子，通往自由之路縱使不是天方夜譚，也必然令人舉步維艱。從未體驗過自由之人，怎麼知道自己自由了？終點是個什麼樣子？或者早已獲得自由，自己卻根本意識不到，還在繼續尋找那永遠無法企及之物。更有可能的是，自認為已經抵達了「應許之地」而停止尋找，其實還遠得很呢。這好比一個囚犯完全不知道監獄圍牆是用來關押自己的，便以為自己正在高牆內過著自由的生活，這樣的囚犯當然不會花力氣逃跑。他何苦逃跑？要逃什麼呢？

正因如此，為了獲得自由，必須先承認「**我不知道**何謂自由」才行。我們通常都是根據有限的經驗來理解發生在自己身上的一切，而這種經驗其實取決於我們本身的囚徒身分。或者說，我們看待萬物都是「對著鏡觀看，模糊不清」(〈哥林多前書〉13:12)。因此，關於「自由應該是個什麼樣子」，我們所持有的任何看法都是錯誤的。我們不知道出路，更無法靠自己找到它；因為我們已經深陷夢中。

這讓我想起家裡那隻老狗，已經十九歲了，又聾又瞎，總是轉圈圈。當牠試圖穿過那些無法預料的障礙物而尋找餐盤或窩鋪時，就會撞到椅子或牆壁，只好倒退回去，然後又開始筆直地往前走，直到撞上另一個障礙物，才再轉個方向。對牠來說，這世界最好時是個迷宮，最壞時就是一所寸步難行的監獄。我有空時也會盡力幫牠，比如牠一走歪，我就用腳擋住牠的去路，慢慢引導牠走向食物那邊。當老狗想要拉屎拉尿時，會一路向草地狂奔，常常不是一頭跌進矮樹叢裡，就是撞到戶外椅子，我發現了就會把牠抱起來，輕輕地放到草地上。

對那隻老狗而言，我是帶來奇蹟之人，幫牠清除障礙，去到牠想去的地方。但我不可能每次都知道牠想要什麼，而只能根據有限的資訊來推斷，包括我能看得到的以及過去的經驗。有好幾次，我見老狗在院子裡轉來轉去，誤以為牠要尿尿，忙把牠抱到草地上，誰知牠立馬轉過身來，因為牠已撒過尿，而只是在尋找回屋子的路而已。這麼一來，我不但沒有幫上忙，反倒扯了牠的後腿。

在這一點上，人類和那隻老狗毫無不同。眾所周知，在森林中迷路的人往往都會繞圈子，但他們堅信自己有所進展，直到碰見同一片空地上的同一棵倒下的樹，才意識到自己花了幾個小時卻仍在原地打轉。我們真的不知道如何到達自己想要去的地方；無論是實際層面還是比喻層面，都無法找到走出森林的路。

為此，想要走出小我的牢籠，就需要一種似乎來自外在的援助，把我們提升到「柔軟的草地」，或者從錯誤的目標溫和地領向我們真心想要之物。也就是說，我們需要一位嚮導來防止自己偏離方向或無謂地原地打轉，他會像摩西那樣創造奇蹟，帶領我們直抵「應許之地」。這位嚮導就是《奇蹟課程》所說的**聖靈**，祂適用於所有的人，每時每刻都在我們身邊，因祂就活在每一個人的心中，如果祂看起來像是一股外在的力量，那只是因為我們已經徹底迷失了。

因此，要找到自由，無需**做**任何具體的事情，只因我們所採取的行動都受到誤導。唯獨的，我們需要訓練自己的心靈，在任何情況下都呼求聖靈的幫助，聆聽答覆，遵循指引。答覆的形式雖多，隱約的、概括性的、詳盡具體的，但無論哪種形式，我們都會明白自己從此不再孤軍奮戰；事實上，我們也從來沒有**孤單過**。正如上主在「荊棘火中」對摩西授命之後，至少說過三次「我必與你同在」。我們從未離開過上主和聖靈，因為祂們就是我們唯一的真相。我們可以遺失珍貴之物，可以迷路，甚至可以失去自己在世間的身分，卻永遠不可能失去上主。還記得小孩子最喜歡玩的「躲貓貓」？他們捂住自己的眼睛：「哦，不！親愛的媽媽不見了！」然後再睜開眼睛，高興地尖叫：「她在呢！」當然，媽媽其實從未離開過。

對我們來說，聖靈溫柔的指引如此不可思議，卻又是世上最自然的事，甚至可以說是世間唯一自然的事。它對我們的生存恐懼來個釜底抽薪，大大縮短了我們在流浪中浪費的時間。有些諷刺吧，我們滿全自己心願最直接的路，竟然還需要遵循指引？這對小我而言，無異於一種侮辱。有什麼目標值得我們放棄寶貴的自主權？最好還是繼續奮鬥，哪怕結果是白忙一場；我們也果真這麼幹了。這才是小我自由觀的問題所在——它就是要讓我們白忙一場。

「選擇」的迷思

我們往往把自由想像成一種無拘無束的選擇，乃至於為所欲為。世界就像一份品項繁多的菜單，展現在我們眼前，邀請我們品嚐裡面所有的美味佳餚。沒有人告訴我們該點什麼菜、該做什麼或如何著手，大家都可以自由地選擇。

然而，任何一個決定只要超過三個或四個選項，我們便會開始懷疑自己的選擇，逐一權衡每個選項的利弊，根本無法確定哪個更適合自己、哪個會真正滿足自己。一旦作了決定，往往又會陷入購物成癮者那種「買完就後悔」（buyer's remorse）的心態，老是事後諸葛亮，悻悻地說：「當初就應該弄清楚而選別的！」可是，即便選了別的，我們事後同樣會質疑這個決定到底對不對。

我們會認為，若要作出更好的選擇，所需要的就是資訊，越多越好；缺了資訊，便沒有決策依據。這似乎是明擺的事實，結果呢？我們對資訊的需求反而比之前衍生出更多的問題。哪些資訊是相關的？來自何處？值得信賴嗎？你不妨想想，上一次網購時，你為了查明某件商品的品牌排行，閱讀了每一條相關的評論，結果花了多長時間呢？你對自己的最終選擇有多少把握？有沒有想過，如果有更多的時間，你可能會作出更好的、更「明智」的選擇？或者乾脆放棄，跟著感覺走？

《奇蹟課程》反覆強調，不論何種情況，擺在我們面前的選擇始終只有一個：選擇小我或選擇聖靈。我們究竟要聽從哪一種聲音？這一選擇決定了自己是追求真相還是夢境，平安還是衝突，愛還是恐懼。別忘了，整個旅程唯一的目標就是覺醒於我們的真實天性，也就是上主所創造的自性。它無所需求，卻無所不有，它純然屬靈且受造為一切，故唯有它才能帶來幸福。

在幻相與幻相之間挑來選去並不是自由，也非真正的選擇，而是一種騙局，如同誘人入彀的賭術「紙牌三選一」。你先選一張牌，錯了；再選一張，又錯了！就這樣，你不斷把一個錯誤的選擇換成另一個錯誤的選擇。我們的日常選擇當然不會那麼簡單，範圍遠遠超過那三張牌，但全都處於同一個幻相框架中，故也同等虛假不實。

問題是，我們已經被洗腦，認為自由是一種小我能夠提供給我們的東西，故只能從身體的角度去理解自由，比如說，去任何地方或做任何事情，能夠隨心所欲而又心想事成。但別忘了，身體本身就是對自由的設限，它所有的需求和欲望都是為了囚禁我們。試問，我們能夠藉由重重枷鎖來釋放自己嗎？〈正文〉曾如此追問我們：

> 你想要身體的自由，還是心靈的自由？你無法同時擁有兩者。你究竟看重哪一個？以哪一個為你的人生目標？……沒有一個人不渴望自由，且千方百計地追求。他認為自由在哪裡，哪裡可能找到自由，他就會從那兒下手。在他的信念中，自由不是來自心靈就是來自身體，因此，他會把其中一個當作另一個的工具，為自己選擇的目標效力。
>
> 你一旦選擇了身體的自由，心靈就成了它的工具，它的價值全憑自己能為身體爭取多少自由而定。然而，身體的自由何其虛幻且無意義，心靈從此淪為幻相的奴隸。（T-22.VI.1:1~2, 8~2:1~2）

我們和小我一起作的每一個選擇，都代表一個決定，就是把某物看得比真理和上主更有價值，甚至把它當作唯一真神似地去追求，但實際上無異於崇拜偶像，難怪我們會如此不滿足！選擇偶像就是決定昏睡**不**醒，繼續作夢。這好比一個酒鬼要戒酒了，卻無法決定是把伏特加換成啤酒，還是轉到另一家酒吧繼續消遣？

當然，生活中，我們所面臨的決定似乎無窮無盡，每天每時都在不同的選項中作選擇，該穿什麼或該吃什麼，先付哪張帳單等等。我們有時會糾結於這些選擇，但它們大多是無足輕重的，故無需花太多心思。我們以咖啡或茶或橙汁開始自己的每一天，對我們的靈性成長毫無影響。然而，一旦面對艱難的選擇或重大的決定，比如有人傷害自己或自己關愛的人，我們該如何回應呢？首要之務，就是學會**不**依賴自己的判斷。

我們總是根據過去選擇的結果來作決定，凡是看似行之有效的，就很可能再來一遍；否則就嘗試其他方法，或者搜尋更多的資訊。然而，正如《課程》所揭示的，我們永遠看不到全貌，絕對不可能！只因小我思維是有限的；它既出自分裂，故本身必也是一種分裂。小我只會在不同資料之間左右權衡，卻從不考慮它們的內在關聯和隱藏的因素，以及其間的細微差別，更遑論洞悉萬物的那個更大的整體了。小我當然無法意識到其中任何一個層面，難怪我們收集了那麼多的資料，所作的選擇還是如此盲目且充滿了偏見。明白了這一點之後，我們就只剩下一個決定，它必會引領我們邁向正確的方向，那就是：**下定決心，不再單憑自己作決定**，而是選擇聽從聖靈的指引。〈正文〉是這樣提醒我們的：

> 在你為自己作出任何決定前，請記住你始終在抗拒自己應負的天堂任務；此刻不妨三思，你還想繼續這樣自作主張嗎？你在世只有一個任務，就是承認自己一無所知，並下定決心不再自作聰明。那麼，你還能決定自己該做什麼嗎？把一切決定交託給上主的代言人（聖靈）吧！
>
> 你一旦學會了如何與上主一起作決定，所有的決定就會像呼吸一樣自然且當然。無需你操心費神，自會有人溫柔地為你領路，踏上有如夏日寧靜的小徑。（T-14.IV.5:1~4,6:1~2）

此刻，不妨停下來，想一想這幅景象：「……有人溫柔地為你領路，踏上有如夏日寧靜的小徑。」你能感受到它所帶來的平安嗎？之所以「無需你操心費神」，是因為你作了一個正確的選擇：決定接受指引。就像我家的老狗一樣，你也允許一個溫柔體貼且比你更有智慧的人帶著自己走。可曾記得幼兒時期被愛你的人抱在懷裡那種感覺？大多數人五歲以後就不再享有這種安全感——長大了，別人抱不動了。你要的不就是這種感覺嗎？比起拼命蒐集資訊以期作出「正確」的決定，這難道不是更好的選擇嗎？

我們自認為渴望的那個「自由」，能在無限的選擇中為自己作出決定，結果只會適得其反。因為就在我們想要用自己的「最佳判斷」來自行決定之際，便已經為自己設定了一個不可能完成的任務。但是，只要我們轉向那位能看到全貌的聖靈，請求祂指引，就能卸下這種沉重的負擔。聖靈只可能知道真理與光明，也只知道愛；這正是祂在你我或任何人身上看到的一切。因此，祂為我們選擇的道路必會將我們導向那種境界。若要找到愛與幸福，真理與平安，只需作出唯一且真正有意義的決定：選擇真理而非其他形式的幻相，也就是選擇跟隨聖靈。

舒適的監獄生活

前面說過，要想逃出監獄，總得先明白自己確實淪為階下囚。如果監獄裝修華麗，設施便利一應俱全，充滿誘惑且令人流連忘返，我們怎麼可能認出它的廬山真面目？又怎麼可能想要逃跑呢？

電影《駭客任務》（1999，*The Matrix*）就以隱喻的手法描述了這種處境，說人類居住的世界只是電腦類比的「虛擬實境」，由機器人統治，目的在於利用人類的能量，同時讓人始終處於昏迷狀態。

更早在幾十年前，《星艦迷航記》（1966，*Star Trek*）的試播集〈囚籠〉（*The Cage*）也探索過類似的觀念。劇情描繪星際飛船的首任船長去到一個星球，那裡的外星人能夠透過心靈感應來操縱人類的感知，就把船長囚禁起來了。外星人之前還圈養著一個女人，年輕又漂亮。船長和她一見鍾情，雙雙墜入愛河，一起經歷了許多挑戰。最終，船長識破了外星人的騙局，逼他們說出真相。結果令人震驚，船長身邊的美女竟然變成了一個醜陋無比的女人。故事是以倒敘方式講述的，後來的船長已是一個全身癱瘓的人。結尾一幕頗具諷刺意味，船長露出乞求的眼神，請人送他回到那個外星球。在那裡，他才可以在腦海裡自由遨遊，不再受縛於殘廢之軀；在那裡，他才可以一生一世陪伴著自己心愛的女人，快快樂樂地沉浸在幻相中。

我們很像那位船長，也喜歡生活在幻相中，不同的是，我們早已忘了這是我們自己作出的選擇。若要重獲自由，就必須看清我們的監獄究竟是什麼，而不是什麼。

我們會以種種方式讓自己淪為幻相的奴隸，比如沉溺於手機，一旦手機丟失了，方知道自己因它所帶來的便利犧牲了多少自由。或者將自己與累積的財富捆綁在一起，相信救贖之道就在於銀行存款的多少。當然，我們也受縛於這具身體，既要保持健康又要治療疾病，更要尋歡作樂並盡量減少痛苦。我們所執著的信念，甚至視若珍寶的價值觀，都可能成為我們拒絕解開的沉重鎖鏈。連我們這一生中所扮演的各種角色，比如孩子、父母、愛人、朋友、學生、專業人士等等，也莫不如此。我們護守著這一切，把它們當作自己的一部分。倘若被強行拿走，就會有一股嚴重的失落感，甚至巨大的痛苦。因為我們以為的**自我**就是由它們連在一起而成的，事實上，那只是一個虛假的、非常不可靠的自我。它總是變化無常，以便適應各種外在處境的劇烈變動，比如入讀新學校，失戀或失業，離婚或退休，最難面對的莫過於自己所愛之人的死亡，最終就是自身的死亡。只要我們繼續投資於這個自我概念，把它跟自己本身混為一談，就難逃無常與痛苦的命運。

困在期望中

打從孩提初期，我們就被灌輸，生命中最重要的、甚至決定了我們這一生是幸福還是痛苦的事情之一，就是選擇伴侶。我們會根據自己在別人身上看到的，以及從媒體或社群平台上接收到的無以計數的資訊，來塑造一個理想的伴侶形象。瞧，這位熱戀中的歌星過著多麼美好的生活，這正是我嚮往的。看，那部浪漫喜劇的圓滿結局太吸引人了，實在讓人念念不忘。於是，我們不斷篩選身邊的人，努力尋找適合的伴侶，並對自己感興趣的人進行「面試」。奈何，「期望很豐滿，現實很骨感」。幸好每一次關係的破裂，都為另一種可能打開了大門。正如本書第一章所說的，小我會讓我們永無休止地尋找；好似《格林童話》裡的王子和灰姑娘一樣，總有一天我們會找到能穿上玻璃鞋的心上人。

不過，也有些人認為這種理想伴侶實在太可怕了，不惜一切代價也要避免，或者乾脆遠離塵世，或者全心投入工作或運動之類的目標，甚至反其道而行，盡量建立更多的人際關係。他們好高騖遠，穿梭於人群之中，永不停歇，因為一旦安頓下來了，就等於放棄所有其他的機會。只要還是「鄰家芳草綠，隔岸風景好」，他們就永遠無需安頓下來，更不必冒著受傷害或被人拋棄的風險；在對方有機會深入了解自己之前，他們早已溜之大吉了。他們可能會告訴所有人（包括自己在內）：「我只是在尋找合適的人而已。」但事實上，這卻是他們最不想要的，因為追尋本身比起他們假裝要找到的目標更有吸引力。

說穿了，我們所追求的理想伴侶只是小我的幻相之一，根本就不存在。沒有人會在熱帶海灘一邊悠閒地享受日光浴，一邊等著你走進他們的人生；果真如此，一切都值回票價了。親密關係可不像沉睡在泥土中的珍稀寶石，只等著人們去發現它。這種關係是在日常生活的齟齬磨合中鍛造而成的，經過無數的衝突與化解，一再打磨，益發牢固，最後如鑽石一般閃閃發光。我們需要時間才能明白，關係的熔爐只會讓彼此之間變得更為密切。這就是為什麼我們要在關係中作出承諾，這也是為什麼我們的努力如此重要；最終的回報更是不可估量。

當你第一次和某人約會時，腦海中便會建構出對方的粗略形象，其中一部分出自幻想，一部分出自推論，也許再加上一點誠實的觀察。接著，你開始對這個經過多道「加工」的形象有了一些期望，當然都是基於你理想中的伴侶形象。不僅如此，這些期望也反映出你過去所熟悉的關係，好的壞的都有，包括你父母。例如妳是在關係中的女生，如果妳爸每天早上都會親妳媽，妳當然會指望自己的男友也同樣如此。但偏偏妳男友的爸爸不管怎樣都不會親任何人，他就會認為妳憑什麼期望我去親妳呢？又比如說，你的前任不是整天霸著電視遙控器嗎？那你對下一任的要求就是永遠別碰遙控器。

每一個期望都會成為一條鎖鏈，把你們兩人捆綁在一起。如果對方滿足了你的期望，那就太好了，但你會奢望以後都能事事如願。然而，你的伴侶必會辜負你種種期待，讓你感到失望或生氣。你很有可能為此責怪對方，而非質疑自己這些期待背後的依據。於是，你心目中的理想形象開始崩塌，由「好」變「壞」，你也怨懟得更加理直氣壯。在這段關係中，你越來越覺得自己像個囚犯，直到最後似乎別無選擇了，只好離開。事實上，你從來沒有被他人囚禁過，而只是困在自己的心理期望中。

其實，任何關係都可以作為自由或壓迫的工具；我們看它是什麼，它就成了什麼。

過去，就是監獄

我們一生都在期待，用無數「應該如何如何」編織成一張天羅地網，把自己困在其中。有些期待是合理的，比如太陽會在早上升起，晚上落下；開車上班或購物或去某地都希望安全往返；看看日曆，期待著生日或假日的到來。當然偶爾會有一些意外，但除非你患有焦慮症，否則不會期望意外發生。有些期待則不然，比如你期待自己的孩子必須以特定的方式行事，和你有共同的目標與價值觀，那你的期望大都會受到挑戰。

期望所依賴的判斷，純粹是一種好惡取捨：這個才是最好的，那個一定會帶來最大的幸福。但我們常常看錯，因為那些判斷完全奠基於過去的經驗。

我們會把目前的情況與過去發生的事件比較，否則怎麼知道該追求什麼或該避免什麼？你在這家餐館吃得滿意吧？

那你會一再光顧，還會把它推薦給親友。你是否有一次用餐之後肚子作怪？那你永遠不會再去那家餐館了，即使從醫學上來講，你很可能是腸胃病毒感染，而不一定是食物中毒。當我們評判時，總是把過去當作判官，以過去為標準來衡量眼前的事情以及所有的經歷，最終心甘情願地淪為過去的階下囚。

由此可見，我們只需把過去（無論記得多少）疊加在當前的狀況上，過去就變得意義非凡了。我們的理由是，凡是以前行之有效的東西，以後應該還能發揮其用；以前行之無效的，就沒必要再來了。打個比方，有一次我伸手撫摸一隻正在咆哮的小狗，結果被牠咬了一口；下次再見到小狗狂吠時，我當然不敢去摸牠。顯然，我對小狗的看法受到過去經驗的影響。

即使回到我被狗咬的當下，我也不可能真正了解牠。實在有太多的變數、太多的無形力量了，遠遠超出我的理解能力。天曉得小狗為什麼如此反應？牠曾經受過虐待嗎？或者餓壞了？或者牠本來就是一隻豢養出來的惡犬？也許只是我手伸出去時嚇到牠了？

當誤解凝結成記憶時，就會日益加深。然而，記憶是有選擇性的，它只會著眼於事情的某些方面，使得一些特質變得更為顯著，而另一些可能更重要的特質則隨之隱退。因此，有關未來可能發生的事，我們的預期必會產生偏差。

未來，既危險又誘人，也可說是一個潛力無限的領域。在那裡，我們的美好期望最終有可能夢想成真，但各式各樣的不幸同時也在等待著我們，包括罹患疾病、交通事故、公司倒閉、大大小小的損失，乃至死亡等等。我們企圖憑據過去預測未來，卻又害怕未來，因為我們心知肚明它根本就是一個未知數。儘管如此，我們依然投入無數精力去掌控未來，制定種種計畫來應對它的千變萬化，除了存點錢以備急需，也要補充維生素或保健品，當然還要購買種種保險。

如此一來，過去和未來就成了小我監獄的銅牆鐵壁。只要我們還把這兩者當真，指望它們彼此守望相助，便無法給自己留下真正改變的餘地。

過去已經過去，未來還未到來。過去的木已成舟，無法改變，只留給人一種錯覺，以為可以藉之預測未來。但未來變幻無常，最多只能想像一下，無論我們如何努力，都無法把未來固定下來，只要一想到它，它馬上又變了。從這個層面來講，未來始終都在變，卻非那種後浪推前浪的規律變動，故也讓人無從捉摸。我們依然故我，也許還認為經一事、長一智，實則純屬自欺欺人。我們的過去已把我們自己牢牢捆綁，以確保我們的未來得不到釋放。

居於過去與未來之間的便是永恆。沒錯，就是永恆，我們稱之為「當下」，不過，我們很少去深思它背後的含意。當下這一刻乃是千古不易的，不論過去或未來，都不可能改變或拴住它。過去和未來均受制於自身的內容物，過去發生過什麼？未來又會發生什麼呢？它們好比亂七八糟的儲藏室，裡面塞滿了我們所想到的一切，包括恐懼、夢想或偏見等等。

然而，當下此刻絕非如此，它不為雜七雜八的內容物所動。我們所經歷的每一個當下都是一樣的純粹，它絲毫未變，而且千古不易。只要還保留過去或未來的任何想法，我們就不可能體驗純粹的當下；焦點一轉向過去或未來，當下就會從我們的眼前消失。但它仍然**臨在**那兒，只是我們一無所知而已。

要走出小我監獄，迎向真理和幸福的新鮮空氣，唯一的出口就是當下。當下一刻空無一物，卻擁有無限的自由。不可思議的是，它一直伴隨著我們，我們卻經常忽視這麼明顯的事實。然而，它始終**臨在**那兒；我們的行住坐臥也盡在其中，每一刻都在當下，所有的時間都屬於當下這一刻，此外沒有其他時間。我們就活在永恆中，卻假裝它不存在。

可以領會上述觀念的力量嗎？可別把「當下」看作佈滿在小我監獄圍牆上的一個個洞，隨時都可以穿梭出去。真相是，根本不存在什麼圍牆，除非我們自己把它打造出來。當下無罣無礙，直通自由之路；藉用禪宗著名公案的說法，就是穿越「無門之門」。要逃離我們自己的心牢，當下乃是必經之路，誰也迴避不了。自由之門早已敞開，就在每個當下、每個呼吸中等待著我們。我們永遠無法改變這一真相，卻能把目光移開，繼續自我束縛，在過去與未來的沉重鎖鏈中連連呻吟。然而，在永恆的呼喚下，我們終會覺醒於它，這一點毫無疑問。那是我們與生俱來的權利，最多只是遲早的問題。

知見的囚徒

如同《駭客任務》和《星艦迷航記》一樣，《奇蹟課程》同樣指出，小我世界，也就是我們五種感官所覺受到的世界，只不過是個幻相罷了。它是我們自己的心靈打造出來的，本身就是一個充滿分裂的世界，難怪我們只會看到不同的物體，也只會遇到不同的身體，而且各有不同的個性。我們所經歷的那些好似發生在自己身上的個別事件，似乎都是外界造成的，遠非我們所能掌控。確實，這個世界充滿了限制，不論在身體或認知能力方面，我們處處受限而非全知全能。我們所獲得的成就，也全都受限於自身的種種缺陷、衰老以及死亡；只因萬物最終難逃一死。

儘管我們不願去想這些限制，還是會不時意識到它們的。然而，我們很少去質疑知見本身的局限性。人類有能力觀察數億光年外的星系，卻無法窺探無限之境。在感官世界裡，無限只是一個抽象概念，並非真實存在。任何事物，只要是可感知的，就永遠是有限的。事實上，只有當我們意識到它們時，它們才變成有限之物。

限制，就等於囚禁。只要還受任何形式的限制所束縛，就稱不上徹底的自由。其實說穿了，我們所居住的世界就是一座監獄，而知見則是守衛，以確保監獄圍牆有如銅牆鐵壁，固若金湯。知見只會讓我們著眼於根本不存在的事物，使我們看不到當下的真相，也看不到任何人的真實面目。

設想一下，如果你要加入一個「虛擬實境」的場景，就需要某種自我形象來充當自己的**替身**，以便在虛擬世界展開社交和互動。這個自我形象可能就是你此刻心目中的自己，當然最好是「改良版」的那個自己：更漂亮，更強壯，更高大。你當然可以選擇某人或某物來代表，比如聖女貞德、超人、埃及豔后、暹羅貓或身披鱗甲的蛟龍等等。但如果你在虛擬實境的世界中逗留得夠久，就有可能忘了真實的自己。你開始認同虛擬世界中的替身，把**它**當作真實的自己，最終，你成了**自己選擇**的那個自我形象的囚徒。相應地，你會對「虛擬實境」的體驗更真實、更深刻。但那個虛擬的形象或替身並不是真正的**你**，也永遠不會是你。它只是虛擬世界中方便運作的一個標識點，用來傳遞你的虛擬感知，並不比這個虛擬世界的其他方面更真實一點。然而，只要你還看到它，感受到它，並且深信不疑，你的所見所感就會來界定你。於是，你的知見變成了一座牢固又封閉的監獄。

根據《奇蹟課程》的說法，小我世界純屬幻相，跟活靈活現的虛擬實境沒什麼兩樣。因此，人皆知悉的自我身分，也就是活在小我世界裡、與身體認同的那個自我，本身也是一種幻相。要想覺醒，必須先暴露知見世界以及感知這個世界的自我那種虛幻本質，然後戳破它們，最終才得以擺脫。

自古以來，人類一直試圖掙脫知見的世界。例如，當我們長時專注於某個固定的知覺對象，比如蠟燭火焰或篝火，浩瀚的海洋或壯麗的星空，以及呼吸節奏等等，都有可能導致感官失衡。擊鼓、跳舞和旋轉也同樣會擾亂感官。此外，諸如仙人掌毒鹼、烏頭鹼（蘑菇中一種致幻成分）、大麻和迷幻劑之類的藥物，更是會扭曲甚至完全中止感官功能，進而打開人們的心扉，讓人意識到感官世界其實脆弱不堪，有如一片薄紗覆在真理的臉上，阻礙真理進入人們的視線。

然而，藥效會消退，冥想會結束，我們又回到了知見的世界，包裹在迷人的皮囊裡，以身體為基礎的虛幻自我再度掌控了一切。當初擺脫知見桎梏時所體驗到的存在感，此刻已淪為一種記憶，失去了轉化的力量。

關於知見的本質及其起源，可參見《從失心到一心》第二章「所見即所信」；《奇蹟課程》則有更多的論述，我在此僅舉幾例：

> 外表看來，是知見告訴你「你究竟看到了什麼」。其實，它不過反映出你傳授給它的看法而已。它只是賦予你的願望一個有形圖像或具體形相，使你的夢想儼然如真。（T-24.VII.8:8~10）

> 知見其實是一種選擇，反映出你自己想要活出的模樣、想活在怎樣的世界裡、哪種環境才能滿足你的心靈。它會選擇讓你感到安全之物，一切按照你的指令行事。它還會照你所願的樣子把自己呈現於你眼前。（T-25.I.3:1~3）

> 知見只是一面鏡子，而非一個事實。我所看到的景象，只是自己心境對外的投射。（W-304.1:3~4）

是的，正如《奇蹟課程》所針砭的，一點都不含糊。我們之所以淪為知見的囚徒，全是出於自己的選擇。我們打造出一座監獄，把自己深鎖在虛幻的圍牆裡，還刻意忘記鑰匙藏在哪裡，最後深陷於幻相中，甚至忘了這種囚禁是怎麼發生的。結果，就算我們想逃出去，也似乎希望渺茫，何況大多數人並不想逃，因為沒什麼可逃的。我們受困於《駭客任務》的「矩陣」中，根本不知道自己的真實狀態，幾乎沒有追求自由的意願，連最小的一步都不想邁出，更別說完全逃脫了。

想一想，當我們設法從這個知見囚牢逃離出來時，會看到什麼？與知見相對的是什麼呢？這很難想像，因為我們所知的一切，幾乎都是透過五官學來的。

按照《奇蹟課程》的說法，知見的反面即是「真知」（究竟說來，不存在之物不可能有真正的對立面）。它為這個詞彙下了一個明確的定義：真知是唯一的實相，只適用於上主及其造化的領域。真知乃是實存的一個面向，與實存是同義詞，兩者密不可分而且無二無別，故也可說成「我**在**，故我**知**」。「實存」與「真知」中間並沒有類似知見那樣的仲介，「一體生命」與「仍是一體生命」之間怎能容任何東西介入？又有什麼能夠橫梗其間呢？只有知見才需要分裂，主體和客體之間必須要有個間隙，才能為觀察者提供一個獨立的視角，而不是與被觀察者相通。相形之下，真知則純屬一元境界，既不可切割或分化，也無法從它自身之外的角度來看，只因自性之外別無其他生命可言。

如何才能化解知見，並從知見的限制中解脫出來，欣然回歸真知之境？老實說，這並不容易。人類的嬰兒期和兒童期都在致力於把握自己的所知所見，必須學會如何看、如何聽、如何說得更清楚，以及如何識別和操縱各種物品，如何根據人和事物的過去來推斷它們的表現。如今卻要解開這一切，又該從哪裡著手呢？

我們若靠自己，肯定比登天還難，因為我們仍是自己夢境的囚徒。如同〈正文〉所言：「作夢的人雖未清醒過來，但也不知道自己在睡覺。」（T-28.II.6:7）更麻煩的是，我們本身（也就是「虛擬實境」中那個替身）也是夢境的一部分。〈正文〉曾一針見血地指出：「你在夢中找回的身分毫無意義，因為夢者與夢境是同一回事。」（T-28.IV.5:4）由此可知，我們一旦從夢中醒來，就會失去自己所認同的身分，這也是我們唯一知道的身分。因此，覺醒的念頭太可怕了。對小我而言，覺醒等於死亡，等於永遠失去身體這個身分。如果覺醒意味著死亡，誰想醒過來呢？

其實，我們早已習慣了監獄的生活，接受它，努力適應它，甚至變成了「制度化」，只願認可老套乏味的監獄生活，而不去嘗試任何其他的選擇。再怎麼說，和熟悉的魔鬼打交道總比和陌生的魔鬼打交道更好。

因此，僅憑我們自己是無法覺醒的，也無法從知見的牢獄中解脫出來。我們不僅造出這所監獄，還視為至寶，使監獄更加鞏固。身陷囹圄的我們又怎麼可能透過虛假的自我找回真實自我？只要假我還在占山為王，真我必然遙不可及。

因此，要從自己的夢裡醒來，確實需要外援：一股推動力、一條救生索，或一位充滿愛心的嚮導，他會牽起我們的手，帶領我們平安抵達我們原本不敢去的地方。《奇蹟課程》曾多次提到，這種助緣正在等著我們，而且一直都在。

那就是聖靈，祂是假與真之間的仲介，也是幻相與真相之間的橋樑。祂的任務就是篩選知見，只允許與上主和真理相應之物進入祂的視野。祂只知道我們的仁心善念才是真的，其他都是毫無價值的幻相。

聖靈不必征服或摧毀非真之物，否則反而讓它看起來更真實。聖靈只需越過它而目睹真相，它就不復存在了。這個過程就是本課程所說的「寬恕」。寬恕是我們在小我的知見牢獄中唯一的目的，也是我們唯一的出路。

然而，切莫在這過程中自作主張，而只需把自己交託到聖靈手中。最好變成小孩一樣，完全信任祂，確信祂的指引正是你自己所選擇的，但仍需要你發揮作用。最重要的，你必須把自己所有的念頭和知見交託給祂，包括你所知道的整個過去，全都讓祂釐清一下。為此，你首先要意識到使你感受不到愛的那些障礙，然後，當你準備妥當時，就溫柔地釋放它們，如此便可清除它們了。下面這兩段〈正文〉說得更清楚：

> 寬恕，就是只記住你過去給出以及接受的種種善念，而將其餘的一切拋諸腦後。寬恕只是一種篩選的記憶，但不是按照你的標準。（T-17.III.1:1~3）

> 你的任務十分簡單。你只需認出過去所學的那一套並非自己想要的。隨時祈求祂來指導，不要再用你

的經驗為過去所學撐腰。當你的平安受到任何威脅或騷擾時，不妨這樣對自己說：

> 我不知道任何事情的意義，包括這件事在內。因此，我也不知道如何回應才是。從今以後，我不再借助過去的經驗作為我的指路明燈。（T-14.XI.6:3~9）

寬恕，與其說是一個學習的過程，不如說是一個「解除過去所學」的過程。也就是撤回自己的判斷，轉身接受聖靈的判斷。我們明白，只要自己作出判斷，就會在心中強化過去的價值，以便繼續作夢。如今，我們要養成一種習慣，就是把我們對各種境遇的看法交給聖靈，由祂來評斷。〈練習手冊〉更是反覆重申：「我要以不同的眼光來看待事物。」（W-20；21；27；28）唯有改變自己的所知所見，不再著眼於分裂，方能從中脫身而出。

寬恕既然是一個過程，自然需要時間，如果瞬間解脫，恐怕會引發恐懼，那就有違聖靈的使命了。要知道，你一感到害怕，聖靈就沒法引領你了，因為恐懼無法滯留於祂的實相中。恐懼只會助長分裂，加深人與幻相的連結，而聖靈的用意則在幫人擺脫這種狀況。很顯然，聖靈不可能為你帶來任何令你害怕之物。祂只知道當你準備就緒時，才能幫你看到你願意看到之物，並且一無所懼地釋放它們。總而言之，《奇蹟課程》是一門循序漸進的課程，它是根據你的需求量身訂做的，並以最適合你的步調進行。而你的任務只是亦步亦趨地遵循聖靈的指引，無需操心自己要去哪裡，或者是否過分精進。

要做到這一點，關鍵就在於：**你必須成為聖靈在人間夢境中的化身**，一如聖靈是你的真實自性（即基督）的化身。聖靈純是一種記憶，也可說是你生命真相中永不失落的印記。不妨這樣想：你正在經歷一場可怕的夢魘，夢中的你感覺到一股溫柔的拉力，提醒你在作夢，並將你由夢中喚醒。當你一睜開眼睛，便看到一張笑臉，一個愛你的人；那人知道你困在噩夢中，要幫助你從中脫身。對，聖靈就像那個人，只是遠遠超之。祂如上主真愛一般大放光明，穿透知見囚牢的牆壁，一舉突破你以為堅不可摧的銅牆鐵壁，從而向你證明那堵牆並非固若金湯，而只是一場夢罷了；你如今可以無拘無束地從夢中醒來了。

覺醒於真實世界

前面說過，與知見相對的便是真知。問題是，只要我們仍舊相信自己活在世上，還躲在這具身體裡頭，就無法抵達真知之境。身體即是限制，本身就是有限之物；真知則無邊無際，故兩者是不可能並存的。

之前也提過，我們就像「制度化」下的囚犯，根本無法獲得自由，甚至無法理解自由為何物。為此，我們需要接受一套康復訓練的課程；在此期間，我們會以不同的方式繼續運用知見，但只為了釋放而非束縛。我們相信，只要自己完全準備好接受真知，它就非我們莫屬，期間只需好好適應就行了。可還記得這段〈正文〉：

> 經年累月活在沉重鎖鏈下的囚犯，挨餓受凍，欲振乏力。他們的眼睛長年活在黑暗裡，早已記不得光明為何物了，即使在釋放的那一刻，他們也不會歡欣鼓舞的。他們需要時間去體會自由的意義。（T-20.III.9:1~2）

我們一生都待在小我的監獄裡，難以直接回歸真知，不論是對死亡的強烈恐懼，還是對分裂的一絲執著，都會讓我們卻步不前。如同〈正文〉所言：「只要你還珍惜一個幻相而不惜抵制真相，甚至為幻相辯護，一切真相便會對你頓失意義，所有幻相反倒變得像真的一樣。」（T-22.II.4:4）故唯有淨化了小我的判斷及過去的羈絆，才能體驗到一個嶄新的知見世界；在這樣的眼光中，世界和我們一樣閃耀著神聖的光輝，分裂不再有任何意義。這就是〈練習手冊〉第三百一十三課所揭示的：

此刻，願我接受新知見的來臨

> 天父，有一種慧見，能看到萬物的清白無罪，且使恐懼銷聲匿跡，還會迎請愛來取而代之。愛只要一受到邀請，不論何處，必會欣然赴會。（W-313.1:1~2）

> 願我們今天以基督的眼光看待彼此吧！我們何其美麗！何其神聖可愛！（W-313.2:1~3）

基督慧見所呈現的，正是本課程所說的「真實世界」。真實世界是個很美妙的觀念，遺憾的是，它也是奇蹟學員最難體會的觀念之一。何以如此？因為真實世界的「真實」，並非指向上主、基督和聖靈那個層次。真實世界不是上主創造的，它仍在知見世界這一層次，只是去除了所有判斷性的知見、並已交給了聖靈。縱然它不屬於天國，但離天國僅僅一步之遙，上主輕易就能跨出祂「最後的一步」，迎接我們到祂那裡，恢復我們的真實身分（即基督自性）。我們既已清除了所有的路障，真實世界也就成了世上最自然的事，也是**唯一**真正自然的事。

其實，早在真實世界成為我們的永久願景之前，我們就已經瞥見過它了。我在《從失心到一心》第三章中，也描述過這些神祕的時刻以及產生的條件。不妨想像這樣一個世界：它不存在恐懼，甚至根本無從發生；它充滿溫柔，洋溢著祥和的光明。再想像一下，你以一種恆久不易的平安心境行走其中。沒有一物騷擾得了這個世界，它與你的人生境遇也毫無關聯，包括你曾經受過的傷害以及你曾經努力掌控的一切。

這就是《聖經》所說的：「神所賜出人意外的平安。」（〈腓立比書〉4:7）絕對堪稱為「應許之地」，但可別忘了，這個術語並非指自然界的地理位置，而是隱喻心靈已臻至平安與愛的最高境界。那兒不再有鬥爭，不再需要制定戰略或計畫，無論你有什麼需求，都能得到全面滿足，而且大都是你意想不到、也絕非你所能實現的。你再也沒有必要去評判了，因為你只需遵循指引，便能得到那些禮物。聖靈會把你的禮物帶給其他人；你不只與人分享，還明白了自己的福祉和他們的福祉原是同一回事，因為你們之間沒有任何間隙。你所給出的，必會得到十倍百倍的回報；你所得到的，也會推恩到所有人身上，他們如此渴望平安與喜樂、愛與真正的使命感，他們如此渴望豁然憶起上主。

根據《課程》的說法，在我們回歸上主所創造的基督自性之前，我們會先經歷真實世界。前面提過，真實世界仍不是絕對的真實之境，而只是一個清除了判斷之後的知見世界，它仍屬於知見的領域，但已不再效力於評判和分裂。我們可能仍置身於牢獄裡，但所有的鐵柵鐵鎖都因著我們的寬恕而消融不見了，門窗已經敞開，任由陣陣自由的清風拂來，我們終於可以隨時出去遛達了。讓我們探頭來看〈正文〉是如何描述這種境界的：

你必須先夢到平安，才有機會覺醒於平安。你必須把自己妄造之物轉換為真心想要之物，也就是把噩夢轉換成愛的美夢。真實知見方能由此生出，因為聖靈為你修正夢中世界時，也一併修正了所有的知見。真知不待修正。但充滿了愛的夢境會將你領向真知境界。你再也不會在夢中看到恐怖景象，這成了你歡迎真知的一個標誌。愛等待的不是時間，它在等著你的歡迎信號；而真實世界不過反映出你終於歡迎那個始終如是的境界。那是喜悅的召喚；而你的欣然答覆也顯示出你開始覺醒於自己從未失落的生命真相了。（T-13.VII.9）

你豈能想像得出你所寬恕的人在你眼中將會何等美麗？那種美妙是你在幻想世界前所未見的。

你在世上見到的一切，不論是夢是醒，都無法和這一美景相比。你也不曾如此重視或珍惜過任何一物。這一美景所帶給你的喜悅，遠非過去一度讓你怦然心動之景物所能比擬。

這種美妙不是一種幻覺。它是「真實世界」，光明聖潔，在朗朗日照之下熠熠生輝。它不再隱藏任何東西，因它內的一切已被寬恕，想要隱藏真相的幻覺在此已無立足之地。

> 你只需全面寬恕舊有的世界（也就是你寬恕之前所見到的世界），便能抵達真實世界。（T-17.II.1:1~5；2:1~3；5:1）

但請記得，即使如此美妙動人，真實世界也只是回歸上主旅途中的一個驛站。我們還沒有完全從身體解脫出來，但已經不太認同它了。我們可以瞬間擺脫它，毫不猶豫也了無遺憾，因為我們知道**自己**不是這具身體。如前所述，真實世界仍然立足於知見，而所有的知見都是虛妄不實的。這正是「真實世界」的吊詭之處，也成了一個令人費解的觀念。它確實是世界所能得到的最真實之物，但究竟說來，它還不是徹底真實，因它不屬於上主的一體之境。

我們既不是這具身體，也並非活在這個形相世界；我們是靈性。但凡與身體認同的人，都會相信身體方面的損失就是一種犧牲。這也是為什麼人們如此誤解那位拿撒勒耶穌被釘十字架的事件，認為他必須犧牲自己的身體，我們才能被赦。但如果身體不是真實的，何來犧牲？毫髮無損有何犧牲可言？然而，若要體驗到這一點，首先得明白我們的真實自性純然屬靈，與這具身體根本扯不上任何關係。這等於宣告：「我是靈性，上主神聖之子，不受世界的束縛，安全無虞，已被治癒，且重歸圓滿；我能自由地寬恕，也能自由地拯救世界。」（W-97.7:2）

靈性永恆不易，不生不滅，存於它的造物主內，蘊含了萬物的真相。這番認知足以讓我們走上自由之路，但唯有體驗到它才算真正的自由。我們一旦憶起自己原是靈性，與我們的兄弟姐妹無二無別，與上主也毫無差別，我們就自由了。在那一刻，我們終於知道自己一直享有自由。沒有任何鎖鏈、夢境或幻相囚禁得了上主之子，因為他是靈性。

要找到自由，只有一個途徑，就是在聖靈的幫助下作出每一個決定。你相信自己是個渺小的生命嗎？你真的是這個充滿私念的小我之心嗎？在這個陰森恐怖卻難以掌控的現實世界中，你會利用身體來尋求那麼一絲滿足和享樂的時光嗎？你是否把自己的未來建立在過去所學到的基礎而成了時間的囚徒？上述種種只要有一個是確定的，自由就不會來臨；因為你沒有給它機會。自由之門始終敞開著，你卻拒絕看到它。

有沒有可能：你是上主所創造的靈性，是祂延伸出來的生命，永存於無限之境；縱然你有夢見自己被囚禁的自由，但絕對改變不了自己的靈性真相？

你究竟是什麼？你**想要**哪一個成為真正的自己？這才是你唯一需要作的決定，也是唯一能帶來真正自由的決定。在本章結束之前，讓我們一起重溫〈正文〉這幾段：

> 救恩並非只准你著眼於靈性而不看身體。它只願你明白你是有選擇的。你無需任何協助就能一眼看見

身體，但對身體之外的世界你卻如此無知。救恩的目的就是化解你的世界，好讓你看到超乎肉眼的另一世界。（T-31.VI.3:1~4）

真實世界仍是一個夢，只是夢中的角色改變了，他們不再扮演隨時翻臉不認人的偶像。在這夢裡，沒有一人取代得了另外一人，也沒有一物能在心靈所發的念頭與眼睛所見的景象之間作祟。沒有人會被視為他所不是之物，因幼稚的玩具全都收起來了。過去的判斷之夢，如今都轉為喜悅之夢；這才是夢的目的所在。只有寬恕之夢才能進入真實世界，時間就快要結束了。夢裡的魅影如今都成了你的弟兄，這不是透過你的判斷能力，而是透過你的愛。（T-29.IX.7.1~8）

世上的人多多少少都有被囚的感覺。如果這是自由意志所帶來的下場，那麼他不得不承認他的意志並非自由的，否則，他就落入了循環論證的死胡同。自由意志必須導向自由才對。評判，對人即是一種「囚禁」，因它隨著自己起伏不定的欲望而把對方的真相切割得支離破碎。希望，並非事實。（T-3.VI.11:1~5）

完成你的大願，是多麼美妙的事！那才是真正的自由。此外沒有自由可言。除非你能實現自己的意

願，否則你不是自由的。（T-30.II.2:1~4）

你並非真正想要眼前的世界，因為無始以來，這個世界始終辜負了你的期待。你打造的家園也不足以庇蔭你。你自己鋪設的道路常讓你不知何往又不知所終；你營造的城市也沒有一座經得起時間的摧殘。凡是出自你手的，全都刻著死亡的印記。不要再留戀這個世界了，在你造出它的那一刻，它已陳舊不堪、氣數將盡，轉眼之間便會煙消雲散。這令人痛心的世界根本影響不了那充滿生命的世界。你無法賦予這個世界真實的生命，因此，即使你悲傷地闔眼而去，也無法在世上找到通往另一世界的道路。

在世間，唯有你深愛的真實世界才有影響你的能力。只要你的邀請發自愛心，它必會來臨。愛隨時都在答覆，因它不可能回拒任何求助，也不會聽不見那由你所造卻又非你所要的世界所發出的痛苦呼號。只要學會看出自己打造的世界是如此虛妄不實，你便能捨下這個世界，欣然接受另一個非你能造的世界。（T-13.VII.3,4）

第3章

身體

身體是小我的象徵，而小我又是分裂的象徵。（T-15.IX.2:3）

你內在的基督並不住在身體裡。但祂又活在你內。這表示你也不可能活在身體裡。（T-25.In.1:1~3）

現在，不妨暫停一下，先花點時間好好看看自己，然後才回到這本書上。

你看到了什麼？是像大多數人一樣盯著自己的形體、雙手或軀幹？還是放下書本，瞥了一眼鏡子中的自己？這都是很自然的反應，不過，根據《奇蹟課程》的說法，這一點也不自然。

我們太認同身體了，甚至認定它就代表了**自己**，然而，事情並非那麼簡單。比如說，當我們低頭看著自己的腳趾時，會認為「那就是我」嗎？事實上，人們會根據自己的好惡，挑選某些方面的特徵來充當自己。

在所有的特徵當中，最顯眼的莫過於這張臉了。當你想起某個熟人時，不會想到他的腳趾頭吧？沒錯，你只會想到他的臉孔。當然，這只是針對他人而言；至於你，你是看不見自己那張臉的，最多只能在鏡中看到它的倒影。長在臉上那雙眼睛也一樣，只能往外瞧，無法看到自己。可不是，我們竟然無法親眼目睹自己最為關注與認同的那張臉，這本身就是一個很深刻的洞見：分裂的自我絕不可能看到真實的自己。如同〈正文〉所說：

> 你只需瞧一眼自己，你眼前馬上會出現一具身體。它在不同的光線下顯得很不一樣。當你撤去了光照，身體便好似失去了蹤影。然而，你十分肯定它的存在，因為你的手仍然感覺到它，而且你也聽得見它的移動。你有意以此形相充當自己，作為實現你夢想的工具。它給了你一雙去看它的眼睛，又給你一雙去感覺它的手，給你一副去聽它造出聲音的耳朵。它始終在向你證明自己的存在。
>
> 就這樣，身體為你製造出一套關於你的理論，它不接受自身之外的任何證明，但也跳不出自己的視

野。（T-24.VII.9:1~10:1）

更有甚者，我們只把人體外表當作**自我**；沒有人會把自己做大腸鏡檢查的X光片鑲上邊框擺在壁爐架或發佈在社群媒體吧？我們對人體內部感到如此陌生，只因它與外表的「自我」**相去甚遠**，令人暗自愧疚乃至厭惡，至少不會引以為傲。然而，眾所周知，對維繫生命來講，人體的內部比外表更為重要。

我在醫學院接受精神病學培訓期間，讀過一本有關「精神分析導論理論與實務」的書，其中一個教學要點就是「自我源自於身體的個體意識」，它所說的「自我」固然不同於《課程》所指的小我，但也在試圖探究自我意識是如何發展出來的。

身體為人類的自我意識提供了基礎，從生到死都與我們形影不離，始終伴隨著我們這個所謂的生命旅程。即使在夢裡，我們還是站在身體的層次去「**看**」、去想；確實，我們很難不把自己或他人想成一具身體。

然則，這個以身體為基礎所建立的小我之自我意識根本是虛假的，因為它把完整一體的上主及其造化視為分裂的，否則怎麼能置身其外去看祂，判斷祂**不是**自我，而是**其他**不同之物？

顯然，這絕對是不可能的。你的真實身分若是整體生命的一個面向，在受造之初便已完美無缺，你就無法改變它，也不可能有此能耐。就像河流無法改變它的源頭，或宣稱自己是荒漠山巒。但如果那條河流有精神病，它就可以自詡為它想要成為的任何東西了。縱然它仍是一條汩汩流淌的河流，但它卻不相信這個事實。它若能進一步讓自己產生幻覺，真的看見自己就是荒漠或山巒，那就更有說服力了。當然，這只是對它自己而言，全世界的人都不會認可它的妄想身分，更不會陷身其中。那條河流無論如何堅持把自己看成它所不是之物，是永遠不會弄假成真的。

這正是人類所面臨的困境：一具具獨立的身體遊蕩於人間，彼此之間也頻頻互動，但每一具身體都各有與眾不同的人生（這也意味著沒有人能夠真正了解它，只能孑然一身地與其他身體一起默默忍受或大聲叫苦）。它曾愛過，一度與其他身體結合在一起，希望找到更大的使命感和價值感。它曾錯過，然後又迎來更大的誘惑，繼續追尋。它飽受其他身體的攻擊，但它也會成為攻擊者，而且攻擊得理直氣壯：「是他先動手的，我只是自衛而已。」

身體原是小我的工具，目的是讓我們把自己視為獨一無二的個體：「我是我，你是你，你我大不相同。」故說「身體是小我的象徵」，因它滿足了小我的分裂之願：與上主分裂，也與他人分裂。若無身體，心靈怎麼可能自我分裂或鞏固分裂意識？唯有透過身體才能如願以償，但卻付出了巨大的代價——我們把信心置於既非出自創造故也根本不存在之物上，才與真實的自己失之交臂。「創造我的聖愛，才是我的真相」（W-229），縱然如此，我們依然對這聖愛視而不見。陷於夢境中的我們，已經不再是那個真我；就像那條河流，堅信它自己就是一片貧瘠的沙漠。

> 正因身體意識的作祟，愛才好似處處受限。因身體的目的即是為愛設限。它源自「愛是有限的」信念，企圖限制那不可限制的愛。不要以為這說法只是打個比方而已，身體真的是為了限制「你」而形成的。當你看到自己活在身體裡頭，怎麼可能知道你原本只是一個「理念」？世上每一樣東西，都得靠外在形狀才能指認出來。若沒有身體或是你熟悉的形式，你連上主是什麼模樣都想像不出。
>
> 身體不可能知道任何真相。當你的意識受限於身體的小小感官時，是不可能認出那包圍在自己身上的莊嚴偉大的。上主無法進入一具身體，你也無法在身體內與上主結合。為愛設限，等於將上主推出門外，存心與祂背道而馳。身體就是企圖圈住你那光輝圓滿的小小理念的圍欄。它好似從整個天堂撕下一小部分，畫個圓圈，把這一丁點的天堂圍起來，宣稱那是自己的王國，請上主止步。（T-18.VIII.1;2）

讀完這兩段引言，我們也許會感到困惑，為什麼有人想要成為這樣的一具身體呢？他試圖限制天國、將上主無所不包的愛剔除於自身之外，又有什麼好處呢？這實在沒有道理，但我們已經那樣做了，不是嗎？不妨看看眼前這個小我世界，到處充斥著憤怒、競爭與偏見，簡直糟糕透了；說到底，小我所供奉的身體，本來就是如此瘋狂。

問題是，我們已經習慣了這種瘋狂，不只看不出自己哪裡瘋了，還把它變成了一種理所當然的規範。但我們並不孤單，因為每個人都如此神智不清。既然這樣，何苦枉費心機去改變呢？更何況小我在我們眼前擺了一大堆胡蘿蔔，但必須透過身體才可能享用它們。於是我們鍥而不捨地追逐一個又一個目標：成功、名聲、財富、讚譽、性征服等等。我們好比正在一家看似高級的餐廳用餐，大廚就是管理餐廳的小我，菜單上的各式美食琳琅滿目。然而，不知何故，無論我們點什麼吃什麼，最終還是食之無味、永不饜足。終有一天我們會反問自己：「我究竟還要吃多少道菜，才會決定停止在小我這家餐廳用餐而嘗試另一家呢？一定還有更好的食物來源才對！」

小我的大富翁遊戲

現在想像一下，在一個輕鬆的晚上，你與親朋聚在一起，玩一局有趣的大富翁遊戲。照例，開始之前要先選個棋子作為標記。棋子象徵著你的**身分**，代表你這個人參與大富翁棋盤的小小世界。你很清楚這個棋子並不是真正的**你**，它只是替你出馬，方便在棋盤上玩耍而已。

同理，必須先有一具身體，才能在小我世界中「玩遊戲」。你以自己的認知能力為核心據點，向外擴展，感知身邊世界的色聲香味觸，學會將各式各樣的感知組成形形色色的人事物境，然後根據自己的好惡去評估它們，希望好的多多益善、壞的越來越少。你眼前這個世界的法則，就是這樣建立起來的。

問題是，其他所有人也都在做同樣的事，他們的認知能力和詮釋往往與你不同，於是每個人保有自己的一套「真理」。不難看出，這種局面很快就會演變成衝突。既然你我對真理的認知不同，表示兩人之中必有一個是錯的；但錯的絕對不可能是我，所以一定是你錯了。我的真理才是真的，你的純屬謊言；你就是一個大騙子，不只與我不同，而且還是一個充滿威脅、不值得信任的危險人物。我要竭盡全力證明你是錯的，然後引領你走向我所相信的真理。

2020年的美國總統選舉就出現了這種情形。川普在沒有任何證據的情況下，居然說服了數千萬支持者，讓他們相信選舉受到操控，儘管當時有許多共和黨議員在地方選舉是獲勝的。一旦缺乏終極的客觀真理，個體之間的「真理」必會發生衝突，彼此爭吵一下已經算是最好的狀況，最壞的結果則是引爆戰爭。

這正是本課程所說的第一條無明法則：「真理因人而異。」（T-23.II.2:1）只要接受了這一法則，隨之而來的必是無明亂世。

我們再回到剛才的大富翁遊戲。想想看，一開始挑選棋子時，就有人堅持要選小狗，有人只喜歡跑車，也有人隨便挑了個帽子（沒有人願意選熨斗吧）。即使還未站上起始點，小我的偏好和特殊需求便已暴露無遺，總是認為這個棋子比那個棋子更有魅力、更有特殊性。我還記得小時候，兄弟之間往往為了誰做跑車而爭吵不休。

正式進入遊戲了，你和其他玩家一起，各自把棋子放在「起始點」的方塊上，然後擲骰子挪動棋子。起初還挺有趣的，因為你有很多錢，可以隨意購買土地，還試圖壟斷一整片區域。大家歡聲笑語，都玩得很開心。但隨著可購買的地皮逐漸減少，以及對手的房子和旅館不斷增加，遊戲局面逐漸變得陰暗。每擲一次骰子，你都有可能破產。

現在不妨想像一個奇幻情景，類似電影《辣媽辣妹》

（*Freaky Friday*）片裡母女互換身分那一幕。由於某種神奇魔法，每個玩家都忘了自己只是在玩一局大富翁遊戲。他們全都**變成**了棋子，眼中只有棋盤裡面變化莫測的遊戲，充滿了誘惑而且危機四伏。每擲一次骰子，每轉一圈棋盤，賭注就越來越高；棋子的命運全由棋盤上那兩顆骰子的點數來決定。玩家們無法停止遊戲，也不可能從這個「現實」跳脫出來。他們根本不知道還有其他的選擇，因為他們的生活裡就只有大富翁遊戲，**此外沒有別的了**。

接著再想像一下，玩家之中竟然有一個人清醒過來，依稀記得這個大富翁遊戲或許不是生活的全部，遊戲之外還有一個豐盛的世界。於是他試圖說服別的玩家，但沒有一個人願意聽，大家都認為他瘋了。這位「覺者」終於對所有人都感到失望，只好獨自退出遊戲。剩下的玩家都搖頭歎氣，私下紛紛議論他有多麼瘋狂：「這個傢伙撐不住了，只能以這種方式結束自己的一生；太可悲了，他到底在想什麼呢？好的，下一個輪到誰呢？」

大家還記得第二章「自由」所提到的「虛擬實境」吧，大富翁遊戲顯然就是其中一個實例。我們都被虛擬實境的「矩陣」囚禁了——它是那麼迷人，令人難以擺脫，只因我們根本不知道自己身陷其中！遊戲角色竟成了我們的化身，代表著我們的身體，有它自己的傳奇經歷和生命歷程，它若把握機會買下那些黃金地段，便能確立壟斷地位；它若不幸連連停在別人佔有的黃金地段，就只好支付巨額租金了。

現實生活遠比大富翁遊戲複雜得多，可供我們選擇的目標和經歷也似乎無窮無盡。只要我們有足夠的時間，就什麼都想嘗試一下。但問題是，即使有無限的時間，這些目標或經歷都無法滿足我們。因為它們沒有一個是真實的，故也沒有一個能夠持久。它們全是分裂之夢的一部分，我們無法透過這些比較有趣或不那麼可怕的夢境來逃避分裂的夢魘，因它們仍是一個夢罷了。

《奇蹟課程》在〈正文〉第二十七章一針見血指出，身體不過是「夢中的『英雄』」：

> 在夢的世界裡，身體是主角。沒有任何一個夢缺少得了它，離開了夢境，它便無法生存。它在夢中扮演一個有模有樣、如假包換的人。身體在所有夢裡都扮演著核心角色；每個夢境都在述說自己如何被其他身體塑造出來的故事，它如何被生到身外的世界，度過一段光陰便離世而去，與其他可朽的身體同歸塵土。在它分配到的短暫歲月裡，開始尋找其他身體，不是交友，就是結仇。自身安全是它最關切的事，活得舒適是它的人生指標；它盡其所能地避苦求樂，躲開一切有害之物；最重要的，它企圖教自己如何在人間的苦樂之中分別取捨。

> 世界所作的夢五花八門，因為身體會使出渾身解數，證明自己的獨立性與真實性。它用世人眼中最真實也最可愛的銅錢紙幣購買東西，裝飾自己。它用無聊的工作換取鈔票之後，又將它們虛擲在根本不需要甚至不想要的無聊物品上。它還會雇用其他的身體來保護自己，繼續搜集更多無聊的東西，累積更大的資產。它四處尋找對它而言具有特殊性的身體來分享自己的夢。有些夢中，它成了征服其他弱小身體的勝利者。但在另一段夢中，它則可能淪為奴隸，飽受其他身體的傷害與折磨。
>
> 身體由生到死一連串的歷險故事，構成了人間大夢的同一主題。夢中的「英雄」從未改變過，它的目的也一成未變。（T-27.VIII.1:1~3:2）

我們讀到這類說法時，也許會勉強承認它們的真實性。不過，認識真理和活出真理是兩碼事。事實上，我們並不真想放棄我們以為身體所能給的東西，反而繼續在小我的菜單上拼命點菜。然而，倘若真要從這個人生大夢醒來，擺脫小我的「矩陣世界」，就要徹底看清它到底給了我們什麼。不消說，全是虛無之物而已，卻打扮得光鮮亮麗，讓人相信它們確實有價值，而自甘淪為小我與身體的奴隸。因此，若要撤銷自己在身體和它的目標所投注的價值，就必須正視身體的魅力以及它的根源。

身體的「珍貴」之處

〈正文〉早已指出小我是如何利用身體的：「小我把身體當作攻擊、享樂，甚至引以為傲的對象。」（T-6.V.一.5:3）現在我們就來逐一檢視，要知道，只要我們還執著於任何一方面，就仍然飽受身體與小我的奴役。

攻　擊

先要有身體，才談得上著手去**做**些什麼。比如利用雙手來操控物體，既可以扛抬、推拉、藏掖，又可以製作服裝、首飾和藝術品之類的精美物品，甚至打造出致命的武器。又比如利用嘴巴來學習說話，與人溝通，訴說自己的需求及願望，不但可送上親吻和唱歌，也可發出尖叫和詛咒。雙腳更是能讓我們到處遊蕩，而不必像植物那樣一輩子佇著不動。

看起來一切都安排得如此完美，直到其他身體參與其中為止。比如你想坐坐這把椅子，或玩一下那個玩具，但你身邊那個人也想要，這時就會引發衝突。還有，當你排隊時，如果有人硬硬插隊到你前面，馬上就發生爭執了。童年時，這類情形比比皆是，一般都是由在場的成年人來解決，因他們身強力壯，聰明能幹，更擅長處理這類矛盾。但是，當衝突發生在兩三個以上的成年人之間時，該怎麼辦呢？如果有人亮出槍支，又該由誰來解決問題？交給員警還是送上法庭，聘請律師還是半夜埋伏？倘若衝突不是發生在個體之間，而是國家之間，戰爭就可能一觸即發。

只要還把自己和他人視為一具身體，就表示我們仍在分裂中，只著眼於彼此之間的間隙，誰也不知道對方想什麼、計畫什麼，或動機如何，是要威脅或攻擊，還是搶劫或強姦，甚至是謀殺？自己應該採取防禦行動還是先發制人呢？

只要我們還認同這具身體，隨時都會感到草木皆兵，也隨時都得作出反應：買槍練武、安裝報警系統、隨身攜帶防狼噴霧劑，國家則增加治安經費、鞏固武裝力量、實施電子監控等等。然而，這些防衛措施真能保證人們的安全嗎？還是惹出更多揪心事、衍生更多的問題？如同過於敏感的汽車警報器，一有風吹草動就響個不停。

就在我撰寫本書期間，新冠病毒仍在全球肆虐，如此隱秘卻如此可怕，成了身體不堪一擊的又一佐證。正如剛才所說，我們不知道其他身體在想什麼或密謀什麼，如今疫情期間，狀況更為嚴峻。任何人，只要迎面而來，都有可能帶著致命的病毒；他們當然是無辜之人，但我們無法判斷對方是否感染了，連他們自己也不知道。你跟他靠得太近，就有可能被傳染，隨後還會傳給其他人。這與直接的人身攻擊不同，新冠病毒不僅威脅到你自己，還威脅到你接觸的每一個人，包括和你生活在一起的家人以及你所愛之人。然而，不論新冠病毒的攻擊性多麼隱蔽，同樣需要身體的參與。

為了避免感染，你與他人保持距離；為了保護他人，你自己戴上了口罩。這類公共衛生措施都是理所應當的，但必須意識到它們是如何強化身體的真實性，又如何強化無所不在的攻擊威脅。如今的你**就是**一具身體，軟弱無能，惶惶不可終日。不論你踏出家門還是帶客人回來，其實都是在跟疾病與死亡打賭。

我研讀《奇蹟課程》已經四十五年，可能有人認為我已經悟道了（我自己也常有這種想法呢）。然而，儘管「看到身邊弟兄的清白無罪」這一願望已成了我的寬恕目標，卻仍然難以擺脫「攻擊／防衛」的欲望。比如說，當我走在荒蕪的小徑或黑暗的街區，遠遠看到一個人朝我走來，我首先會考慮自身的安全：應該避免眼神接觸嗎？或者強裝笑容打個招呼？我的示好行為會被他視為企圖搭訕嗎？或者他本來就是來打劫的？

總之，只要我們還與身體認同，就必然存有強烈的「攻擊／防衛」欲望，因而失落了平安。

傲　人

普天之下，人人都愛惜自己的身體；倘若沒有身體，我們還能做些什麼呢？但免不了的，人們總是不滿意自己身上的某些特徵，希望能夠改造一下。我記得一位非常美麗的女士，是好萊塢的大明星，在一次採訪中，她坦言很討厭自己嘴唇彎彎的樣子，這會讓她聯想到鴨子的嘴巴。其他人則可能厭惡自己的鼻子，或者天生的捲髮。整形外科醫生就是從這些「不滿」中賺取了巨額利潤；與此相關的書籍可謂汗牛充棟，每年都會大賣數百萬冊。書中也許會披露一個新的飲食秘訣，保證能幫你減肥，而且減到你自己想要的那個樣子。此外，還有從中賺得盆滿缽滿的化妝品行業，大家都需要這些產品來裝扮身體，既要掩蓋身上的瑕疵和異味，又要凸顯某些美好特徵。說實在的，我們對自己的身體都有些不滿，不論是隱秘的部位還是顯眼之處，多少都會有些失望；這些不滿甚至會累積到我們痛恨自己的身體那種程度。

我們之前說過，身體是小我的象徵，代表著在視覺上和空間上，人人都是分裂的。你我之間的間隙、外表上的差異性，都會延伸到我們的個性以及生活的方方面面。

小我只有在「比較」的遊戲中才能壯大，而有形的身體正好迎合了小我這種運作方式。身體之間的差異必會滋生出種種判斷，不是這人更好更理想，就是那人略遜一籌。如此一來，我們的焦點便由寬恕轉移到操控或籌謀當中去了，比如說，怎樣才能獲得別人擁有自己卻沒有的特殊性呢？我們也許效法他們，也許與他們建立一段親密關係。當然，也可以乾脆敬而遠之，以免威脅到自己的小我。但無論如何，只要我們的眼光還落在差異性，就等於相信了分裂的觀念。那麼，不論我們採用哪種手段來解決那些相異性，最終都會功虧一簣。這是註定的，因為分裂觀念正是它的根源，我們只改其「果」，其「因」始終未變，自然無何意義可言。

另一方面，我們也會為自己這具身體以及它的功能而感到自豪，自認為魅力十足，更享受由此帶來的關注，不惜以服飾及珠寶之類的精美物品來裝扮身體，展現自己獨特的審美觀，彰顯自己的地位。若非如此，人們還有什麼理由去購買一隻天價勞力士手錶呢？大家都裝出一副高高在上、自命不凡的樣子。當其他身體被我吸引而想要趨前親近時，就沾沾自喜；可如果他們索求我不願給出之物時，就怏怏不樂，甚至粗暴以對。

如果這具身體擁有某種特殊才能或天賦，我們更會引以為傲。比如象棋、田徑、歌唱或時裝等等，無論哪一方面，我們都喜歡與其他的身體競爭一番，看看誰「贏」了、誰是「最棒」的——只是這也意味著有誰輸掉了。可以說，人們幾乎無所不比、無所不爭，但到頭來，難免以羞愧收場。

就算我們「贏」了，這種勝利以及由此而生的自豪感能持續多久呢？下一個競爭的機會很快又來臨了。幾乎沒有人能穩操勝券，但無論輸贏，結果都不會是平安的。我們要嘛誓死捍衛自己的王冠，要嘛偷偷摸摸地溜走，再尋找另一個更適合競爭的場所。

在《從情愛到真愛》一書中，我用了不少篇幅來探討羞愧的本質。《奇蹟課程》極少提及「羞愧」（shame）這個詞，而更關注它的近義詞「罪咎」（guilt）。羞愧其實像罪咎一樣，都跟小我沆瀣一氣，兩者都源於小我核心深處的匱乏感，成了永遠清洗不掉的污點。那麼，小我是如何應對這種根深柢固的羞愧感呢？答案無他，就是設法遮掩，把它隱藏在作為補償的虛假自豪感後面：「別注意我的缺陷與失敗；請看這邊，我的事業、我的投資、我的人際關係，多有成就啊！」

羞愧與自豪似乎是對立的，比如當我為身體方面的成就感到自豪時，就不可能同時感到羞恥。但事實真的如此嗎？小我本身就是羞愧的典型案例。它純屬虛無，卻誇耀自己就是一切；它無法容忍「上主」或「**我們**仍是上主所創造的我們」這種觀念，因它知道那是一個自己無法戰勝的對手；它從不在乎寬恕，確實，為什麼要寬恕那個打敗自己的人呢？相反，它更喜歡轉移焦點，讓我們東奔西跑，繼續玩「下次一定能贏」的遊戲。但是，即使它贏了，還是要一次又一次地贏下去，才遮掩得了自己的羞愧感。

快　感

〈正文〉第十九章列舉了四個「平安的障礙」，其中第二個即是「相信身體有它的貢獻與價值」（T-19.IV.二）。在身體的眾多貢獻中，最吸引人的當屬身體的快感了。基本上，人們多半並不喜歡攻擊，更不願意受到攻擊；至於自豪感，倘若缺失了，我們還可以拼命彌補一下。快感則不然，它似乎是身體的一種本能，就像它的對立面——痛苦一樣。沒有人想要痛苦，但人類會為了片刻歡愉而付出巨大的代價，甚至不惜犧牲一切。

不妨回想一下身體所能提供的快樂，飲食乃是首選。眾所周知，民以食為天，況且享受美味佳餚無可厚非。像芝士漢堡加薯條、巧克力蛋糕配霜淇淋、佐以高級紅酒的美食；或者炎熱難耐天氣下，暢飲一杯冰啤酒的透心涼。諸如此類的飲食之樂，不一而足。

飲食之外，我們當然也喜歡享受其他感官所帶來的愉悅：香水或鮮花、夕陽美景、通體舒暢的按摩、美輪美奐的藝術品、宏偉磅礡的交響樂，還有我最喜愛的樂隊在全場觀眾狂熱的歡呼聲中奏響了我最喜歡的歌。可以說，從恬淡的耳目之娛到強烈的感官刺激，都有可能帶來種種歡愉滿足。

許多藥物會讓人產生愉悅之感。幾杯葡萄酒帶來的微醺、古柯鹼或冰毒的強烈興奮、海洛因的極度快感，這類欲樂令人難以抗拒，但它們只能維持在有限的藥效時間內。想要再次體驗這種快感，就得再次使用藥物，這就形成了一種成癮性的循環：渴望→滿足→更渴望。

不過，我敢說，在身體的種種欲樂之中，最具誘惑力的莫過於性欲，從古至今驅動著人類的所有活動，無論是追求心儀之人，還是私下裡滿足自己的需求，又或者性饑渴的男人花錢嫖妓。性高潮本身如同一種強效藥物，讓人欲壑難填，而且有可能如同毒品一樣，成為致命的癮頭。

那麼，《奇蹟課程》是如何看待性的？表面上涉及極少，在比爾和海倫兩位筆錄者正式授權的英文版本中，也從未出現過「性」（sex）這個詞。其實，在早期的原始打字稿（Urtext，《課程》的原始手稿）裡確有提過，但也只涉及比爾和海倫個人方面的性問題。現時流通的最終授權版本裡，還保留了其中一處，但由於海倫的堅持，已將「性欲」（sexual）一詞替換為「生理」（physical）：

> 把奇蹟本能與生理本能混為一談，必會嚴重地扭曲你的知見。生理本能只能算是一種被誤導的奇蹟本能。真正的「快感」乃是來自承行上主的旨意。（T-1.VII.1:2~4）

原始手稿是這樣的：「性衝動只能算是一種被誤導的奇蹟本能。真正的『快感』乃是來自承行上主的旨意。」性欲把我們拉向彼此的結合，從這個角度來講，它談不上什麼好壞。「合一」原是我們真實自性的本來狀態，它的魅力當然也會滲透進小我的形相世界中。然而，從我在多年實踐中所領受到的，一般的性快感與〈正文〉所說承行上主旨意的

「快感」，根本無法相提並論。

《課程》再三告訴我們，不論什麼場合，首先要問「我這樣做究竟是為了什麼？」（T-17.VI.2:2）比如說，我們想要從中得到什麼？期待何種結局？為什麼呢？如果將這一連串的反問用在性方面，會有許多不同的答案。就最基本的層面而言，性只關乎快樂與自我滿足感，而且形成了一種強大的獎賞機制：一旦體驗過性快感，就會一直想要更多。還有一種比較普遍的說法，認為性的目的是為了繁殖後代；因為若想要孩子，就得過性生活（人工受孕除外）。但我認為在所有的性行為中，真正以繁殖為目的的，少之又少；隨著避孕措施的普及，反而大多屬於所謂的「性解放」。

難道性不是愛的表達嗎？有可能。請記住，儘管在真理實相裡我們始終渾然一體，但我們仍誤認自己是分裂的個體；儘管我們的內心深處還保留著這個一體意識，渴望著彼此的結合與合一，但我們仍誤認自己就是這一具身體，故也只能試圖通過身體來結合在一起。然而，身體既然是分裂的象徵，就根本無法通往合一之境；性愛之後，彼此依然故我。難怪性生活後，常會帶來一種疏離感，陷入尷尬的沉默與矛盾的心態。我們曾經合而為一，如此親密又如此強烈，但卻難以為繼，如今各自回到分開的自我，對比之下，愈發感到孤立。

根據《課程》的說法，心靈原是一體不分的（事實上，心靈若要覺醒，就**必須**合一）；身體則不然，性生活的融合與性高潮的狂喜轉瞬即逝，又把我們丟回各自的生活以及問題當中。

想要通過身體及性行為來實現合一，這種嘗試本身就佐證了本課程的觀點：身體不可能真正結合。身體既然是小我的象徵，也是分裂的具體象徵，它怎麼可能跟另一具同樣象徵著分裂的身體合而為一個整體呢？要知道，插入並不等於合一。

強烈的性高潮所帶來那種飄飄欲仙之感，令人忘卻一切，非常接近「合一」之類的神祕體驗。但如前所說，這些體驗必然**稍縱即逝**。可還記得〈練習手冊〉第一百三十三課「我不再重視毫無價值之物」：我所珍惜的任何一物，若無法持久，表示它不是永恆的，也不可能真正有價值；至少在聖靈的眼中是如此。上主所創造的一切必是永恆的，其餘一切全是錯覺妄想，純屬虛無之物，毫無價值可言；故任何追尋都終歸徒勞無功，浪費時間而已。

可能有人會問，既然通過身體不可能實現真正的合一、也沒有任何意義，那麼，這是否意味著我們該摒棄性生活，或者發誓一輩子單身？當然，也可能有人會說，如果性生活讓人感到滿足與快樂，那還有什麼問題呢？《奇蹟課程》明確地告訴我們，確實存在一個問題：從身體層次獲取快樂，表示我們認可了身體的真實性；因為在身體層次追尋快樂，意味著我們已經把身體弄假成真了。也就是說，如果認為這個分裂的象徵能為上主之子帶來喜悅，就等於認定我們自己**就是**這一具身體。這種信念完全跟《奇蹟課程》的教誨背道而馳。

更令人不安的是，一旦借助身體來追求快樂，就得面對快樂的另一面——痛苦；身體若能帶來快樂，當然也會帶來與它自身相反的痛苦。一如〈正文〉所言：

> 你若想從身體尋求快樂，所找到的必是痛苦。了解兩者的連帶關係是你學習的關鍵，因為小我一向以此來證明你是有罪的。其實痛苦並不是上天的懲罰，而是你與身體認同的必然結果，純粹咎由自取。（T-19.IV.二.12:1~4）

任何事物，倘若強化了你與身體的認同，都會讓你更容易感受到痛苦。看清這一點之後，你可能會認為所有的奇蹟學員都應該放棄性生活。然而，這未必是個切實可行的目標。如果你渴望性愛，卻又因為愧疚而強迫自己捨棄它，表示它在你心目中依然極具價值，也必然產生強烈的犧牲感，甚至覺得那是一種崇高的犧牲；但要知道，《課程》並不要求你或任何人做出犧牲。耶穌曾在〈正文〉第六章「十字架的訊息」那一節裡，非常明確地闡述了這一觀點：十字架並非一種犧牲，相反的，它佐證了身體的無常以及毫無價值可言。犧牲意味著損失，也就是為了實現更高的目標而放棄自己仍然渴望之物，這無疑違背了奇蹟第一原則：

> 奇蹟沒有難易之分。一個奇蹟不會比另一個奇蹟「更難」或「更大」。它們全是同一回事。全都表達了愛的極致。（T-1.I.1:1~4）

奇蹟之所以沒有難易之分，是因為幻相沒有程度之別。沒有任何一個幻相比其他的幻相更為真實，它們全都同等的**虛幻**。這就是為什麼奇蹟同樣適用於「虛擬實境」（VR）中的每一個人。如果放棄一種幻覺卻又接受另一種幻覺，表示我們仍在夢中，還沒有甦醒過來。

我們若以為必須放棄性生活才能避免苦樂悲歡，那麼，是否要把這個觀點延伸到任何有可能帶來快感的活動上頭？是否不再品嚐美酒佳餚、不再輕歌妙舞、不再享受按摩或練習瑜珈？是否看到一抹絢爛的晚霞，也要閉上眼睛假裝它不存在，以免受到小我的誘惑？

照理說，這些經歷全都同等的虛假不實，故應盡量敬而遠之，免得加深我們對身體的認同。但實際上行得通嗎？會有效嗎？《課程》有這樣要求我們嗎？何況那些美感有時候可能帶來脫胎換骨的體驗，我們在《從失心到一心》第三章「圓滿一刻：一探永恆之心」中就討論過這一點。

聲稱「既然世間任何一物（包括身體在內）都不是真的，關注它們就等於滋養小我」，這種說法未免有點草率，而且也容易導致極端的作法。沒錯，究竟而言，在上主實相中，分裂從未發生過；始終與上主一體的我們，也無需在這世上做些什麼事情來讓自己覺醒。事實上，我們什麼都**做不了**，「實相戰勝一切」只是遲早的問題，我們的任務不過是認出並「清除使你（我們心裡）感受不到愛的那些障礙」（T-In.1:7），來縮短覺醒的時間。

企圖否認身體，反而鞏固了二元對立的假相。是的，我們仍是上主所創造的模樣；是的，我們為了擺脫罪咎和羞恥而徒然投射於外的物質世界**純屬**一種幻覺。但你正在閱讀這一段文字、正在呼吸，表示**你還在這裡，還活在這個世上！**分裂幻相的確對上主和祂所創造的非二元宇宙產生不了任何影響，然而這不是問題所在，也非我們的下手之處；我們生活的世界的確不是真實的，但聖靈並沒有要求我們因此避如蛇蠍。

《奇蹟課程》講得非常清楚，我們的任務只是將幻相帶入真相，切莫反其道而行。我們不可能將真相帶入幻相世界中，想方設法聖化身體，使它變得神聖無比。真相一旦淪落於幻相就不再是真相，而變成了夢中一景。故我們的任務就是在聖靈的**引導和陪伴**下，看清究竟是哪些嗜好和習性把自己跟世界捆綁在一起的；一旦準備就緒，我們就會放下它們。前文已說過，這通常都需要時間，聖靈會根據我們的準備程度把真相呈現於我們面前。當然，你也可以選擇閉上眼睛，宣稱真理已經來臨；儘管究竟而言的確如此，但當你的伴侶或孩子再次惹怒你時，這個宣言很可能就不管用了。

《課程》從不提倡任何形式的苦修，因為帶有偏見地唾棄某種行為，反而會賦予它更多的意義。寬恕則恰恰相反，它溫和地證明了幻相沒有任何意義，更不可能通往恆久的幸福，唯其如此，我們才會**想要**擺脫它們，學會放下計畫與操控的需求，敞開心扉，轉身接受聖靈的判斷，來取代自己的判斷。

只要我們仍活在世上，相信自己只是這一具身體，就必然還有種種需求和欲望，包括呼吸、睡眠、吃喝拉撒等等，它們本身談不上什麼好壞，只是分裂眾生的一個面向。當然，誰都可以嘗試不吃不睡，甚至不呼吸，但這樣的目的何在？死亡不等於開悟！

終有一天，我們不再被身體的需求所奴役，但時間不是由我們自己決定的。經常有奇蹟學員這樣問我：「如何快點覺醒過來？」「你能給出一些建議，讓我擺脫這個那個問題嗎？」其中不乏慢性疼痛、酗酒、罹患絕症、一段成癮關係等等。我會提醒他們，「快點」和「慢點」只是相對而言，也只有在時間領域內才有意義。快慢的觀念取決於我們對相關進程所作的判斷與評估，比如說，我們對某件事情預期的時間與它實際花費的時間，這兩個時間點不過是相對而言罷了。永恆之境不存在時間，快與慢均無意義。

永恆乃是我們的目標。若從永恆的角度去看，我們覺醒所需的時間無論是兩分鐘還是兩千年，都沒有差別。請記住，我們從未與上主分裂過，因此，即使是覺醒之念，同樣屬於夢境的一部分——正面且具建設性的一部分。事實上，這也是我們在世上唯一值得追求的目標，但它仍不足以臻至永恆之境。如同救贖的課程裡所有事物一樣，我們把學習的進度交託到聖靈手中，祂比我們更清楚如何為每一步作準備。畢竟，我們也不可能被迫覺醒。

我曾經為一個男性患者A君進行心理治療，他也是奇蹟學員，沉迷於色情刊物。在他十三歲生日那天，父親為他訂閱了一份《花花公子》雜誌。我猜這位父親想要藉此履行自己的職責，既可以向兒子解釋性行為，又不至於彼此陷入尷尬的局面。那個時代，色情照在網路上尚非隨手可得，幾乎沒有什麼途徑可以看到裸女照。A君當然如獲至寶。

無論這位父親當初的動機如何，這種行為已經為A君往後幾近五十年與色情刊物和性成癮的鬥爭埋下了種子。A君頻繁翻閱自己收藏的《花花公子》雜誌，尋找最能刺激他的照片來自慰，卻常常因此感到內疚，屢次發誓要戒除。他會扔掉一兩本雜誌，作為他決心展開新生活的標誌，那樣做時，甚至體驗到一絲解脫的滋味，但過不了幾天甚至幾個小時就被打回原形，又再去看他最喜歡的裸照了。

就像任何癮君子都會喜歡更強效的藥物一樣，A君後來也從《花花公子》升級到更為刺激的男性成人雜誌《閣樓》。那時候，每家便利店都有銷售這類色情刊物，他每次去買可樂都在與誘惑搏鬥。有一次，在一股羞愧感的催動下，他將收藏的所有雜誌統統扔進了垃圾桶，這讓他感受到一種不可思議的成就感，同時卻也像是天大的犧牲。之後不到一周，他的一個昔日室友去拜訪祖父母回來時，箱子裡裝滿了十年間出版的《花花公子》。原來室友的祖父母搬家時不想把這些雜誌帶走，室友也不想留著，就把它們轉給了A君。就這樣，他再次陷入了與色情成癮的抗爭中。

A君的前兩段婚姻在性愛方面並不滿意，沮喪之餘只好轉身退回到他最可靠的色情雜誌。相形之下，他和後來的第三任妻子之間有著相當美滿的性生活，但他仍然戀戀不捨那些色情雜誌，便把它們藏在車庫角落之類的不顯眼之處，希望這樣能遏止自己，卻幫助不大。他經常跟自己討價還價，哪些雜誌才可以帶進屋裡面、哪些不行；這種時好時壞的膠著狀態竟然持續了大約十年。

後來，發生了一件他無法掌控的事情。他的妻子生病了，病得非常嚴重，整個人消瘦虛弱，甚至連性愛的念頭都不可能了。妻子去醫院檢查，才被診斷出罹患癌症。於是，A君又再退回到他的色情藏品中（此時不再有雜誌了，都在網路上）。然而，當他親眼目睹痛苦不堪、瘦骨嶙峋的妻子時，終於作出了一個決定：不能再放縱自己的性癮了。誠然，覬覦網路上年輕的色情模特兒很難說是婚外情，但仍是對妻子的一種「不忠」。有了這份洞見，他發現自己不再想瀏覽電腦螢幕上那些誘人的圖像了。誘惑既已不復存在，他也刪除了收藏的所有色情檔案。六個月後，妻子身體康復，他也沒有故態復萌。如今，A君已經徹底告別了性癮，這並非因為他發誓要戒掉，也不是強迫自己要做出崇高的犧牲，而只因為他最終選擇在適當的時機做適當的事情。他已經準備就緒，也非常感激聖靈帶來的這一切。

我分享A君的故事，是為了說明聖靈是如何配合我們的步調來協助我們的。奇蹟和寬恕原是同一回事，唯有在我們真正準備好的時候，才可能發生。很可能有人在幡然醒悟的瞬間就擺脫了癮頭，而且永不回頭。但我懷疑，還有成千上萬的人像A君當初一樣，還禁錮在以身體為中心的種種癮頭的奴役下，看不到任何出路。

「耐心」，乃是上主之師十大人格特質之一。因為時間觀念乃是小我幻相的一個面向，有些事情看起來需要時間來解決。《奇蹟課程》還向我們保證：「不必擔心自己會在瞬間被連根拔起而捲入真相裡。時間是仁慈的，只要你將它用在真相上，它就會不疾不徐地陪你穿越這一過渡期。」（T-16.VI.8:1~2）我們深陷於夢境中，不知道回歸上主之路，故亟需一位嚮導；我們根本掌控不了時間，故亟需那位聖靈。祂的唯一任務，就是把我們為了鞏固分裂而營造出來的一切，重新用於交流和連結。我們甚至意識不到更深層次的小我運作模式；直到我們準備好了，才能認清它的廬山真面目。每當我們處理掉一層執著，為自己的出色表現感到自豪時，卻又發現隱藏在更深一層的執著。就這樣層層清理，層層顯露；問題就像剝洋蔥似的，一層一層呈現出來，然後一層一層剝落而去。

也許有人會疑惑：是否A君的行為令他的妻子罹患癌症？當然不是。然而，正是那個診斷，促使他們兩人以各自的方式更深刻意識到改變的必要性，否則，他們也不可能實現那樣的轉變。因此，當A君與我分享，他認為妻子的罹癌是個奇蹟時，我只是驚訝了一下。確實，癌症已經完成了它的使命，就沒有存在的必要了。

練　習

請花一點時間，回顧一下過去幾天的生活，你都重視身體上的哪些「甜頭」？又追逐過哪幾種呢？

- 你一般會在什麼場合展現自己的權威並從中取樂？（身為父母者，不妨想想自己的孩子）
- 有哪些經歷會讓你感到自豪？是什麼時候？為什麼

呢？這種自豪感是否建立在犧牲他人的基礎上？

- 可有一些形體對你具有性吸引力？是同事，還是你孩子朋友的父母？是電視上或社群媒體上的演員嗎？

- 為了讓自己看起來更有魅力，你都做了些什麼？你這身衣服花了多少時間和精力？或者仍是週末時穿的那一套？這段時間都有化妝一下或變換髮型嗎？為什麼這樣做或為什麼不呢？

- 你有攻擊過他人嗎？或是他人似乎攻擊了你？請記住，攻擊不一定是身體上的直接傷害。一句難聽的話、一個不屑的眼神、諷刺挖苦他人，甚至過於魯莽的行為，都足以構成攻擊。

- 過去的幾天，身體給你帶來什麼樣的快感？有你喜歡的美食、零嘴或甜點嗎？可滿足了你的欲望？這段時間是否有過自慰？若有，是什麼原因促成的呢？

- 這幾天有沒有接觸過任何成癮性藥物或食物？比如一杯紅酒或威士忌？或者吸一口電子煙？

現在，不妨反思一下，這幾天你是如何任由身體主宰你所有的生活方式，以它的需求和欲望為第一要務。只要留意一下就好了，無需內疚、羞愧或自責。唯有意識到自己早已成了小我的階下囚，我們才可能作出改變的。

身體的另類「甜頭」

簡單地回顧了上述幾種身體的「甜頭」之後，讓我們再來認識一下身體帶給我們的另一類「甜頭」。這類甜頭更為陰暗，我們並不會主動尋求它們，反而避之唯恐不及。然而，只要我們的感覺和行為還把身體當作真我，它們就是必然的結果。

痛　苦

《奇蹟課程》告訴我們：「痛苦與快樂本質上是同一回事。」根據奇蹟理念，它們之所以是同一回事，**是因為它們具有同一目的**。除非我們明白這一點，否則上述說法毫無意義。痛苦與快樂都印證了身體的真實性，以及身體能夠貢獻有價值之物的觀念。但是，如果身體能帶來快樂，那麼它同樣也能帶來痛苦。

值得留意的是，只要思考一下我們這一生經歷的痛苦與快樂的比例，就會發現，嬰兒時期的痛苦及苦難遠遠超過了快樂，兩者幾乎不成比例。嬰兒在痛苦中誕生，伴隨而來的便是饑餓、皮疹瘙癢、消化不良、睡眠不穩，以及各種意外事故，甚至還有來自家庭的嚴厲管教等等。這些痛苦或多或少都會持續一段時間，直到孩子能夠獨立滿足自己的大部分需求為止——不管是憑靠自己還是依賴他人。

到了青年時期，痛苦跌至最低點。那時候的我們，身體愈發強壯，還自以為知道自己是誰、想要什麼以及如何去獲取。猶記得我二三十歲時，快樂的時光遠比痛苦多得多（我們在此只談論肉體上的快樂和痛苦，而非情感上的，否則比例就大不相同了）。

隨著年齡增長，痛苦的比例明顯增加。我們成了自己的受害者，無法根治的諸多身體病痛，飽受慢性病的困擾。於是，我們試圖自救，遵循種種養生之道：營養均衡、定期就醫、草藥補品、堅持每天鍛練身體等等。直到有一天，所有的努力全都失效。腰酸背痛或運動傷害阻礙了我們的日常鍛練；每一個基因都在吶喊，猶如當頭棒喝——你絕不可能逃避父母那一輩的命運！

接下來，衰老成了一場不可避免的消耗戰。身體不再像過去那樣健康，體力減弱，記憶衰退。難怪人老了就要退休，我們再也無法與年輕人一起奔跑，因為跟不上了。隨著日漸衰老，疾病也日趨嚴重，整天忙著健康問題，其他活動根本顧不上。

那麼，如何應對衰老呢？很多人試圖否認自己已屆暮年，他們緊跟最新潮流，堅持參加體育活動和開跑車，還有整容、旅遊甚至婚外情等等。然而，這一切都阻擋不了冷酷無情的衰老進程。當今社會，世人似乎不屑於見證衰老，把老年人都藏在養老院裡，既可以隨時探望，必要時也可以溜之大吉。

當然，也不盡然如此，在人類歷史的某些傳統中，遲暮之年並非一種詛咒，反而被視為智慧和價值的象徵。大家會向長輩請教問題，重視他們的見解，而且，他們的身體狀況與他們積累的智慧無關。這種態度對老年人和年輕人都有益處。所有人都應受到尊重，這乃是一個健康社會的重要組成部分。

疾　病

每個人都有過生病的經驗，大多數疾病只是短暫而稍感不便而已，並不會危及生命。比如流鼻涕和喉嚨發癢，也許會讓你難受一兩天，卻無大礙。

第一次生病通常都在童年時期，比如發燒、周身酸痛、嘔吐等等。你若在心理健康的家庭中，便會得到支持和關愛；若是在問題家庭裡，就可能無人照料，甚至因為體弱多病而受罰。無論哪種情況，你都明白，身體是會給自己帶來痛苦的。

對某些人而言，疾病具有莫大的吸引力。蜷縮在床上，母親端來湯羹、麵包和茶點；也許還會在旁陪伴，一起看書、唱歌或者講故事。很有可能，生病是他能從父母那裡得到關愛的唯一機會，如此一來，疾病反而變得令人嚮往。

如果患了重病或慢性病，疾病就會成為他的自我形象的一部分，並享有一定的特權，但許多活動也大受限制。

對於大多數人來說，疾病是一種詛咒，一種阻礙。生病了，就沒法做自己喜歡的事情，也不能外出與朋友一起吃喝玩樂，還不得不錯過一些重要比賽、公司宴會或學校舞會等等。

不消說，強健的體魄和體能也同樣可以成為自我形象的一部分，尤其是學生時代，體育活動往往在社交圈扮演無比重要的角色；首先入選棒球隊的那一位與最後一位被選中的，有如天壤之別。

有時候，我們所愛的以及認識的人會生病，有些甚至去世，再也見不到了。我們對此如何反應完全取決於我們自己的過去經歷、對眼前發生之事的理解能力，以及我們所篤信的那一套思想體系。我們可能加以抗拒：「那種事絕不可能發生在我身上的。」也可能憂心忡忡：「我要保護好自己，開始慢跑並吃些維生素。」最終還是照常過日子，但冥冥中已意識到身體的脆弱以及變化無常。

疾病確實非常可怕，在現代醫學問世之前，任何一種疾病都有可能奪走性命。如今我們沒有那麼害怕生病了，我們相信無論自己遭遇什麼病痛都可以撐過去，或者讓醫生治好。然而，若已到了病入膏肓的地步，像是某些癌症之類，我們就會開始害怕了。那時，生命的無常和死亡的恐懼便成了我們的忠實伴侶，日夜如影隨形。

由此可見，疾病的恐懼最終必會引發死亡的恐懼。日常生活中，大多數人很少考慮死亡，甚至把它剔除於意識之外。我們更關注迫在眉睫的事情，比如支付帳單、準備晚餐等等。但每一個成年人都心知肚明，這一生遲早都要走到盡頭的。他們會死，他們認識的每一個人也都會死；這使得未來成了一個令人膽戰心驚之地。

於是，我們企圖將自己與死亡的恐懼隔離，還試著開解自己：「人類的記憶終究會代代傳承下去的。」有些人購買人壽保險，以確保自己所愛之人在失去至親的情況下還能衣食無憂；有些人希望通過各種成就來延續生命，無論是創建一個興旺的企業，還是撰寫一本偉大的小說。然而，任何成就都無法阻止死亡。

《課程》曾一針見血地指出，死亡原是小我的盟友，因它足以「證明」我們不堪一擊，且註定一死。在小我思維中，死亡是向永恆且慈愛的上主挑戰：「既然我們必死無疑，怎麼可能存在一個慈愛的上主？祂怎麼可能容忍死亡發生？祂不可能，因此，上主根本不存在。」

因此，儘管我們可能害怕死亡，但在潛意識深處，我們以為自己真的已經與上主分裂，理當遭受天譴，只因罪咎要求懲罰。比起憤怒的報復之神或苦苦掙扎於生活的打擊與屈辱之中，死亡反而更具吸引力也更可取。也因此，死亡可說是一種終極的迴避機制——當我們面對似乎無法解決的任何問題時，死亡就成了可供逃遁的出口。

《課程》對疾病的看法別具一格，它在〈練習手冊〉第一百三十六課就明說了：「生病乃是抵制真相的防衛措施。」疾病「證明」我們已經淪為身體的俘虜（當然也是小我的階下囚），卑微脆弱又無能為力；最要命的是，它同時證明了我們是一個獨立的個體，只能孤軍奮戰。如同〈正文〉所言：「所有疾病都出自分裂之念。」（T-26.VII.2:1）我若生病而你沒有，你我顯然大不相同。你也許同情我，甚至想要幫我，但疾病將我們分隔成生病的我和健康的你，進一步加深了彼此的分裂與差異，而直接把真相推出門外。我們用疾病去抵制自己不敢看、更不敢接納之物——我們在上主內的真實身分：愛、純潔無罪，以及體認出弟兄和我們原是一體不分的。現在，讓我們再看一下《奇蹟課程》是怎麼說的：

> 各種疾病，甚至死亡，其實都是害怕覺醒的具體信號。
>
> 你怎麼會認為疾病能夠防止你看清真相？因為它證明了身體不是你的身外之物，那麼，真理必成了你的身外之物了。你受苦是因為身體會痛，就在這痛

中，你與它結為一體。你就這樣保全了自己的「本來」面目；冥冥中你感到自己的生命也許大於這一撮塵土的奇特想法便被消音了。因為你看到，這撮塵土能使你受苦，扭曲你的肢體，停止你的心跳，將你打入萬劫不復的死亡結局。

由此可見，身體比真理還強大，要你活下去的真理戰勝不了你自取滅亡的抉擇。（T-8.IX.3:2；W-136.8:1~9:1）

生病之時，處處受制於身體，很難專注於別的目標或活動，人也變得萎靡不振。雖然尋求他人的幫助，但又不敢抱有什麼期望，只好寄望《課程》所說的「怪力亂神」（magic）之術來治癒自己。「怪力亂神」一詞，是指來自我們自身之外的任何療法，包括藥物、手術、營養品、運動、按摩、瑜珈等等。我們仰賴這些怪力亂神的解決方案，有時也的確能從疾病中康復過來，然而，代價卻是忘記了自己的真實本性。

仰賴怪力亂神會帶來兩個問題。首先，它並未針對問題的根源（即心靈）下手，最終還是陷入徒勞無益的「打地鼠遊戲」中，雖然減輕了某個症狀，但身體的其他部位或生活的其他層面又會出現不同的問題。怪力亂神本身沒有療癒的能力，它只是拖延並掩蓋我們需要真正的療癒這一決定，因而無法根治疾病之源，也就是分裂心靈的分裂之願。

其次，怪力亂神並沒有為我們帶來力量，只因我們把痊癒歸功於自身之外的因素。我們不僅是疾病的受害者，同時也是治療的對象，疾病與治療都獨立存在於世上，遠非我們所能掌控。這種局面既不穩定，也不可信靠，難怪我們仍然終日提心吊膽，因為疾病隨時都會捲土重來。我們盡量不去多想，照常過日子，但恐懼始終蜷縮在我們心靈的黑暗角落裡蠢蠢欲動。

相對於「怪力亂神」，《奇蹟課程》則明確指出，所有疾病都出自心靈，因此，真正的治癒也只可能來自於心靈。它在〈教師指南〉中講得非常透徹：

> 疾病乃是心靈為了某種目的而利用身體所作出的決定，這一認知乃是療癒的基本要素。不論哪一種療癒都缺不了這一認知。只要病患決定接受這一觀點，他就會恢復健康。他若抵制康復，自然得不到療癒。誰是醫生？就是病患自己的心靈。他決定要什麼，就會獲得什麼結果。表面上他好似得到某人的某種協助，其實那些助緣只是如實地反映出他所作的抉擇而已。他選擇的那些助緣也不過具體表達出本人的願望罷了。外援的功能僅限於此。他其實根本不需要這些援助的。即使沒有這些助緣，病患仍能站起來說：「這對我一點用都沒有。」所有的疾病都會當下痊癒的。

> 若要完成知見上的這一轉變，需要具備什麼條件？它唯一的條件就是體認出疾病乃是出自心靈，與身體毫無瓜葛。（M-5.II.2:1~3:2）

「我們在世界所感知的一切，全都源自心靈」，若是第一次接觸這種觀念，也許會覺得它過於激進，毫無道理，甚至迫使我們修正自己對世界的所有認知，難怪我們會死命抵制這種顛覆性的觀念，而寧願緊抓著自己所熟悉的信念不放。但不妨捫心自問：「這種現狀真的適合我嗎？我覺得自己有多健康？有多少次我一覺醒來就期待即將來臨的這一天？又有多少次我體驗到無關乎外界的真正喜悅？」

然後再反觀一下我們所棲身的世界，看看新聞報導，暴力與偏見無處不在。根據世人遵循的零和思維：「我若有所得，你必有所失；你所得到的也是以犧牲我為代價。」競爭成了天經地義之事，更是必不可少的生存之道。但是，無論誰獲得多少、誰又似乎贏了，死亡依舊在盡頭等候著我們每一個人。

我們滿意這種處境嗎？可還記得促成《奇蹟課程》問世的那股動力，也就是比爾在應對烏煙瘴氣的工作環境時，對海倫的慷慨陳詞：「一定另有出路才對！」是的，這部課程便是尋找那條「出路」的指南。我們若能將它的理念付諸實踐，就只會獲益，而不會蒙受任何損失。

至於《課程》是如何看待身體呢？它當然不可能加深分裂之念。那麼，當我們放棄小我目標而讓聖靈掌管時，聖靈的目標會是什麼呢？我們之前已經說過，聖靈的任務就是重新詮釋我們用於分裂、競爭和攻擊的一切，把它們轉為寬恕所用，並將我們導向圓滿與平安的本然狀態。對於還活在分裂之境的我們，是很難想像這是什麼景況的。〈練習手冊〉有一段極美的描述：

> 基督的慧見只有一條法則。就是它絕不著眼於身體，也不會把身體誤認為上主創造的聖子。它看到的是超乎身體的光明，超乎一切形相的理念……。在它眼中沒有分裂的生命。它是以永不失色的光明看著每一個人、每一境遇、每一件事。（W-158.7）

在聖靈的眼中，身體只是一種交流工具。我們卻認定自己就是這具身體，彼此互不相通。除非我們學會表達愛而非恐懼與衝突，否則怎麼可能邁向合一之境、恢復上主之子的真實本性？唯有放下自己對他人的怨尤，真相才有機會蒞臨。從此，我們所看到的兄弟姐妹再也不是一種威脅，也不是特殊性的供品，而是上主的神聖之子。有了這一番領悟，我們便會體驗出自己同樣是上主之子。這個過程就是本課程所說的寬恕，也是《從情愛到真愛》的主題。請看，〈正文〉如此一針見血地指出，我們在他人身上看到的一切，都只是在強化自己而已：

> 身體是美妙或醜陋，是安詳或蠻橫，是有益或有害，全憑你如何發揮作用而定。

> 你若把身體當作攻擊的武器，它對你就會百害而無一利。你若能把身體當作一種媒介，向其他仍然相信自己只是一具身體的人示範，身體不是攻擊人的武器，你才可能看出自己心靈的大能。（T-8.VII.4:3;3:1~2）

交流並非僅指言語行為，我們無需周遊列國，逢人便宣講《奇蹟課程》。與人交談中，若發現對方與自己一樣想了解這部課程，無妨一起探討一下。《課程》也說得很清楚：你我其實是**互為**師生，於日常生活中言傳身教。要嘛示範平安，要嘛進行攻擊。若能須臾不離寧靜安詳的核心，那麼，儘管身處動盪之中，我們還是可以在心念裡以愛回應那些招惹自己的人，而只教人平安之道。

〈正文〉再三提醒我們：「奇蹟志工的唯一責任就是親自接受救贖。」（T-2.V.5:1）因為唯有我們才左右得了自己的心靈，誠如〈練習手冊〉鏗鏘有力的一課：「我的心歸我管轄，也只有我管得了它。」（W-236）但這心靈並非小我心目中的個人隱私，每一顆心靈與其他所有心靈都是彼此相通的，事實上也只有一個心靈——上主和祂的聖子；我們所有人的實存生命就在其中。我們若要修復自己早已分裂成碎片的心靈，讓它們再度相聚於上主當初所創造的圓滿中，就得先療癒自己的虛妄知見，其餘則操之於聖靈，祂會將這種療癒推恩給自認為形單影隻並呼求幫助及療癒的其他心靈。這就是奇蹟。大家還記得《課程》的開篇之言吧：「奇蹟是環環相扣的寬恕（連鎖）當中的一環，當它圓滿完成（這一連鎖焊接起來）之時，便成了救贖。」（T-1.I.25:1）

有了聖靈之助，我們便能跨越平安道上的種種障礙，視而不見身體的存在。分裂幻相也頓失立足之地，分裂的心靈終於憶起自己原是一體生命。我們不妨把自己的心靈（和其他心靈）想像成一個獨立於幻相中的全息圖，它涵攝了所有心靈以及一切真相。我們通過實踐平安與愛，來教人平安與愛，讓它們成為自己實存生命的核心，如此一來，兄弟姐妹們也必會從中受益的：

> 一個心靈的力量足以光照另一心靈，因為上主所有的燈燭都來自同一火種。它無所不在，永世不滅。（T-10.IV.7:5~6）

> 上主之子任何一個念頭所產生的後果絕不僅止於他一人。每個決定都指向整個聖子奧體，不分內外，它的影響無遠弗屆，涵攝之廣亦超乎你的想像。（T-14.III.9:4~5）

只有把身體作為交流之用，我們才可能結合在一起，分享彼此所學到的東西；身體的其他用途都只會鞏固分裂，繼續把我們分開，疾病便是其後果之一。最理想的治癒之道，就是徹底化解疾病之根——分裂。我們的心靈唯有致力於這一目標，才能讓療癒發生。一如〈正文〉所言：「只要你把身體純粹用於交流，必會帶來療癒效果。……只要你不再無情地利用身體，你不可能不健康的。」（T-8.VII.10:1；VIII.9:9）

正是這一番了解，為疾病及其解決方案打開了一個全新的視角。就像我們把所有事情交託給聖靈一樣，疾病也成了寬恕自己和他人的良機。我們必須往內看，才能發現自己何時又以「非愛」去回應弟兄；繼而找出自己內心深處的罪惡感及自卑感，並釋放到聖靈手中。這會立即獲得療癒嗎？有可能，但不一定。如果快速消解症狀會對我們的信仰體系造成太大的衝擊，令人恐懼不已，那麼逐漸消解症狀則更有療效。若能不再判斷自己的狀況或進展，日子會好過一點。即使那些症狀似乎沒有得到改善，我們仍然感受到更多的平安，不僅自己受益，還會惠及周遭的人。在結束本章的話題之前，讓我們一起來讀兩段課文：

> 我們好似感到，是身體限制了我們的自由，使我們受苦，最後也是它結束了我們的生命。其實，身體只是一種象徵，是恐懼的有形化身而已。恐懼若沒有具體的象徵，就沒有回應它的必要，因象徵所代表的很可能是毫無意義之物。愛，是如此真實，故

無需藉助於象徵。恐懼卻如此虛妄，不能不依附於具體之物。

身體會攻擊，心靈卻不會。（W-161.5~6:1）

練　習

請羅列出你身體上的各種病痛，再與你的自我形象對照一下，是形成對比？還是相互印證？

第4章

分　裂

儘管亞當和夏娃的聖經故事早已家喻戶曉，我還是再簡述一下，作為論述的楔子：亞當和夏娃在伊甸園裡過著純真快樂的生活，自由自在，隨心所欲，但上主禁止他們食用「分別善惡樹上的果子」(〈創世記〉2:17)。然而，蛇引誘夏娃吃了果子，夏娃又慫恿亞當吃，轉眼間，倆人都失去了純真。他們為自己的所作所為感到愧疚，更羞於自己的赤身露體，便設法躲避上主。隨後，上主將這兩個悖逆之子逐出伊甸園，發配到一個冷酷無情的世界，那裡連最基本的食物都難以保障。

猶太教和基督教傳統都把這個事件稱為「淪落」；基督教「原罪」的觀念即可追溯到夏娃和亞當對上主的叛逆。因著他們的悖逆之罪，我們全是罪人、一起淪落，這也可說是他們留給人類的遺產。

《奇蹟課程》只是在〈正文〉前幾章簡單地提了一下「淪落」，把它看作天人分裂的一種類比或象徵，並由此衍生出小我以及我們眼前這個世界。如〈正文〉第一章所述，「在天人『分裂』之前，也就是指人類『淪落』前，本是一無所缺的。也沒有任何需求。直到你剝奪了自己的天賦權利之後，有所需求之念才油然而生的。」（T-1.VI.1:6~8）

我們原本活在一體不二的圓滿境界，那裡「本是一無所缺」，也永遠不缺；分裂之念卻把我們帶入了一個註定匱乏的世界，幾乎人人都覺得自己缺少了什麼，不管是物品、才能、讚賞，還是愛的本體。活在分裂之境的我們，不再承認自己與上主的親密關係，也不承認祂是我們的造物主。我們相信自己已經成為另一物而非聖子本身，徹底認同小我，接受它那種錯得離譜而極其有限的自我意識。難怪我們會感到孤獨，始終受制於這具血肉之軀，疾病纏身，且不堪一擊，最終註定一死。試問，如果我們只能在這個無常世界裡自生自滅，怎麼可能不心生恐懼？

毋庸置疑，上主從未創造過分裂，故分裂根本不存在，唯一的實相就是上主及其造化。天人分裂只可能發生在聖子的心靈裡，我們既沒有能力改變自己本有的真實自性，也無法消除上主的旨意；但只要我們還相信分裂之境，它就顯得真實無比，畢竟，它是我們自己一手打造出來的。下面這段〈正文〉說得更透徹：

> 天人分裂之境其實是一種思想體系，雖然不存在於永恆中，但在時間領域內卻真實得很。所有的信念對信者而言都是真的。在象徵性的伊甸園裡，只有一棵樹上的果子是「禁」果。上主不可能真的禁止人們食用的，否則沒有人能夠吃得到它。如果上主深知自己的兒女（我敢跟你保證，祂清楚得很），祂怎會把他們置於一個可能自招毀滅的處境？這棵「禁樹」竟被後人稱為「知識之樹」。其實，上主早已平白地把自己創造的真知賜給了祂的造化。後人為此象徵故事演繹出許許多多的詮釋；我敢保證，任何詮釋，只要認為上主或祂的造化可能毀掉生命的終極目的，必是謬誤的。偷吃「知識樹」上的禁果，象徵著人們篡奪了「自我創造」的能力。（T-3.VII.3:2~4:1）

根據《課程》的說法，「真知」（knowledge）只可能來自上主；它不具任何形相，也不是事實的總和，而是一種無所不包的實存境界。相對的，人間沒有真知，只有知見（perception），它會讓人相信這個虛幻的世界（我們會在下一章深入探討這一點）。我們用真知和真我的覺識來換取特殊性的幻相，一心想要與眾不同，連我們在世間所經驗到的愛也充滿了特殊性。我們想要一個具有獨特氣質的伴侶，他那些特質既是我們欣賞的，也剛好是我們所欠缺的。於是，我們設法向他求愛、與他相戀，如此便能將他連同他的特質跟我的生命捆綁在一起。然而，如果我們活得夠久，就會知道結果如何！

「偷吃『知識樹』上的禁果」，可說是天人分裂的一種象徵性描述。分裂不會為我們帶來真知，因為真知是我們本有之物。分裂反而掩蓋了真知，陷我們於妄想、瘋狂和痛苦之中。下面這段〈正文〉說得更是一針見血：「整個世界就是由這詭異的一課當中誕生的，它有本事讓聖子忘記上主的存在，把自己當成陌生人，甚至放棄上主為他打造的家園而自我放逐。」（T-31.I.4:5）

亞當和夏娃吃下禁果之後，便開始意識到善惡之念，墮入充斥差異與對立的二元之境，而且徹底推翻了一體之境——因為兩者無法並存。然而，上主對二元對立一無所知，祂怎麼可能知道呢？上主的本質就是圓滿的愛，既沒有部分，也不可分割。分裂後的我們竟然斷言自己與上主完全不同，還宣稱要與天國分庭抗禮。在最好狀態下，我們扮演起悲劇英雄的角色，在這個殘酷無情的世界苦苦掙扎，最終難逃一死。最壞狀態更令人恐懼，脆弱無助，任憑外力擺佈，縱然苦心策畫也無法穩定下來，絕望之中還是註定一死。終有一天，我們會由心底吶喊：「一定還有更好的途徑

才對。」（T-2.III.3:6）

解離與分裂

《奇蹟課程》的原始手稿，是在二十世紀六〇年代至七〇年代初筆錄下來的，由兩位備受尊敬的心理學家合作而成。他們精通精神分析理論和應用實踐，因此，像「防禦機制」之類的心理學概念屢屢出現在整部課程中。也正因如此，不少人認為，若無那些心理學理論作為基礎，這部課程就不可能出現，更別說讓世人接受它了。

心理學的「解離」（dissociation）其實就是《課程》所說的「切斷聯繫」。解離及投射這兩種心理防禦機制，對於理解分裂及其運作方式至關重要。〈正文〉曾深入討論過這一點：「排斥與分裂，就像分裂與斷絕關係一樣，它們全是同義詞。我們先前提過，分裂作用自始至終都是為了斷絕關係；切斷聯繫之後，投射便成了它最主要的防衛措施，也成了它的存活之道。」（T-6.II.1:4~5）遺憾的是，大多數人都不甚了解這類防禦機制及其運作方式，即使是心理學家也會經常誤解解離機制。在本課程中，它們卻是理解分裂的關鍵，也是翻轉分裂的樞紐。

那麼，「切斷聯繫」的含義又是什麼呢？下面這一段

〈正文〉說得一清二楚：

> 「切斷聯繫」，不過是一種扭曲而變態的思想模式，它企圖保住兩套無法並存的信仰體系。你只要將兩者同置一處，便不難看出自己是不可能同時接受兩者的。然而，若有一方隱身於黑暗中，這一分裂狀態好似能為雙方保住同等的真實性而共存下去。因此，你很怕它們碰面，因為它們一旦相會，就會逼得你不能不放棄其中之一。你無法同時活在這兩套體系下，因它們相互否定。（T-14.VII.4:3~7）

其實，我們都有用過解離這一招。我曾在《從失心到一心》書中舉過一個實驗例子：受試者接受催眠之後（催眠狀態其實就是解離狀態），實驗員在她的一隻手上施加疼痛刺激，但告知她不會有任何痛感；受試者也真的坐得舒舒服服，沒有顯露出一點痛苦的跡象。然後又告知她另一隻手會疼痛難忍、並要寫出它自己的感受。那隻手果然書寫出痛苦嚎叫的言詞；特別的是，受試者卻繼續安然地坐在那裡。

就這樣，透過催眠，雙手連帶疼痛竟然一起脫離了意識的主體。一般來說，如果沒有更好的止痛辦法，催眠當然有所幫助，但純屬權宜之計。因為那樣做也會危及身體——你若意識不到疼痛，就不會設法做些什麼來消除它，直到造成傷害為止。

這只是一個簡單的解離例子，因為是在可控的實驗室裡施作的，故也不具危險性。相較之下，更極端的則是「解離性身分認同障礙」（DID），俗稱「多重人格」（我在《從失心到一心》一書中，用了整整一章探討這個問題）。病患會表現出兩個或多個獨立的人格（或稱「次人格」）。它們各有不同的性別、年齡、姓名、體型、行為習慣，而且還有不同的技能。這個次人格可能是畫家，那個可能是鋼琴家，其他的次人格就沒有這些才能了。它們的個性各自不一，甚至截然相反。有的粗魯殘暴，有的溫柔和善。根據現存記錄的案例顯示，病患的某個次人格患有過敏症及糖尿病等疾病，當另一個次人格接管身體時，那些疾病竟然就消失不見。

每一個次人格還有它自己的一套記憶，有些記憶可以開放給其他次人格，有些則極為隱秘。次人格之間還會相互竊聽，這個次人格可以影響那個次人格的行為，而它們通常都不知道自己為什麼這樣做。顯然，病患在此狀態下活得並不輕鬆。

多重人格的各種次人格都共存於病患的大腦中，卻通過斷絕關係來保持分離狀態；病患無法「有意識地」從一個次人格切換到另一個（但經過治療是可以學會這一方法的）。換句話說，每個次人格都有自己的內心世界和外在生活，也都或多或少與其他次人格的經歷有關。它們的內心世界可能相當豐富及細膩，包括了它們玩耍、睡覺或閒逛等等的場景。例如，一個兒童次人格也許經常去有鞦韆的遊樂場。次人格非常在乎自己的身分，即使因此釀成慘劇，也絕不輕易放棄；因為它們最害怕的就是失去自我意識。其實，當我們面對自己在上主內的本來面目這一真相時，又何嘗不是如此？只不過，我們終究會重新覺醒於真知和上主，因為那才是我們的真實身分。真理並不可怕，真正可怕的是不知道自己的真相。〈正文〉對此有詳細的描述：

> 除非你早已認識某物，否則你是無法與它斷絕關係的。因此你對它的認識必然先存於關係斷絕之前，如此說來，斷絕關係不過代表了你想要遺忘的決心而已。被你遺忘之物自然會顯得無比可怕，只因斷絕關係無異於對真理的一種侵犯。你會開始害怕，因為你已經遺忘了。你已經用夢中的意識取代了你的真知，只因你真正害怕的是自己所切斷的關係，而不是與你斷絕關係的那個對象。當你開始接納斷絕關係之物，它就不會顯得那麼可怕了。（T-10.II.1）

多重人格的病因是什麼？是什麼導致內心如此支離破碎？我們之前已探討過，幾乎都是因為年幼時經歷嚴重的創傷和虐待。小孩沒有能力應對自己所信任的成年人對他們反覆的施暴或性侵。他們既無法了解這種情況，也沒有勇氣告訴家長或權威人士；即使他們說了，也常常受到質疑、被指責撒謊，甚至受到懲罰。

結果，孩子只能自我解離，把創傷剝離出去。如此一來，那些傷害就不是發生在自己身上，而是發生在另一個孩子身上。一旦利用解離打造出一個次人格，就很容易以這種防禦機制繼續發展出更多的次人格。這些次人格的原型可以是任何人物，包括電視裡的角色、書中人物、一個能充當保護者或玩伴的強人，甚至施暴者等等。只要透過它們把可怕的受虐記憶解離於意識主體之外，小孩便能在安全的假相中成長。事實上，恐懼從未離開過，它一直隱藏在幕後蠢蠢欲動；那些痛苦的創傷記憶和對其擁有支配權的次人格隨時都會浮現，最終必會引發恐懼和愧疚。

為何要如此著墨於多重人格？根據《課程》的說法，我們的心靈已經一分為二，一方面，我們始終都是上主所創造的模樣，基督才是我們的真實自性；另一方面，我們卻又認同小我，把自己視為一具身體。毋庸置疑，唯有上主及其造化真實不虛，其他的都是幻相。但我們卻腳踏兩條船，根本不願意放棄小我，企圖利用解離來為雙方保住同等的真實性；難怪我們一直處於動盪不安的狀態，因為解離只會讓我們留在小我的幻相中，再也意識不到自己的本來面目。但是，請別忘了〈正文〉這一提醒：「小我不過是你對自己的一種信念而已。你還有另一生命，完全不受小我干擾地繼續存在，即使你存心與它斷絕關係（dissociation），也改變不了它分毫的。」（T-4.VI.1:6~7）

心靈自我解離的最終結果是，地球上數十億人全都相信「小我」就是真正的自己，也全都受困於一具具獨立的身體內，可能彼此攻擊，也可能彼此吸引，更常見的是互不相干。可以這麼說，每一具身體都是從上主唯一聖子的破碎心靈中解離出去的一個次人格。

幸運的是，聖子絲毫不受小我幻相的影響。為此，若要憶起我們的真實身分，只需化解解離心態即可。一如本課程所說，我們必須清除使自己「感受不到愛的那些障礙」（T-in.1:7）。唯有把出自小我的判斷交給聖靈，接受祂對事件的解釋而非自己的解釋，才可能讓它們真正貼近真相。這個過程就是《課程》所說的「寬恕」；一旦認出兄弟姐妹這些「次人格」的同一性，我們便能終結解離，讓看似四分五裂的聖子奧體重歸完整。這就是我們在救贖計畫中的角色。只要我們全心致力於這一目標並持續操練寬恕，最終恐懼必會讓位給平安的。

我們之前提過，在治療多重人格時，心理治療師必須面對並且關注所有的次人格，即使是充滿敵意或拒絕參與治療的次人格也不例外。治療師必須避免偏袒或貶低任何一個次人格，儘管它們的行為舉止頗有問題。因為治療師與每一個次人格建立的關係，都足以消弭界線分明的解離狀態，將它們重新整合為一個穩定的個體。同樣地，聖靈必會引導我們，讓每一個人都看清自己的心靈是如何鞏固分裂，然後重新選擇，接受祂的指引，最終覺醒於一體之境。

投　射

說到底，解離只是一種防禦機制，根本無法解決問題的根源；不僅無法化解分裂，反而使它變本加厲，引發更多新的問題。曾幾何時，我們因為背棄上主而感到罪咎，誤以為上主必會怒火中燒，伺機報復。由於無法忍受這種罪咎感，我們便設法把它投射到「自身」之外，就好像外面有人存心傷害我那樣，令我不得不起身反擊。下面這段〈正文〉說得更清楚：

> 如果上主之子的仁心善念才是世界的真相，那麼真實世界必然存在他的心靈裡。問題是，那神智不清的念頭也同時存在他心中，於是他內在的衝突常會白熱化到令他忍無可忍。分裂的心靈自然會感到草木皆兵，當它認出自己心中同時接納了兩種全然相反的思想模式，自然坐立難安。因此，心靈才會將這分裂（而非真相）投射出去。只要你還會把任何一物視為「外界」，表示你仍抓著小我的身分不放，因為「身分認同」對每一個人都代表了救恩。你不妨反省一下自己的經歷，因為想法必然會為思

> 想之人帶來具體後果。你感到自己與現實世界扞格不入，認為它處處跟你作對。這是你的所作所為必然導致的後果。一旦把心裡的對立感投射於外，你自然會看到世界處處跟你對立。為此之故，你必須明白，憎恨出自你心內，而非心外，如此，你才驅除得了它；你必須先根除心頭之恨，才可能認出世界的真相。（T-12.III.7）

就在我們陷入分裂的那一刻，聖子唯一心靈也隨之分崩離析。事實上，聖子的終極真相不曾改變分毫，因他出自上主的創造，故必是永恆不易的；只不過，另一部分心靈卻相信自己已經成為獨立個體，並把因分裂而生的罪咎投射到別人身上——**他們**是要來報仇雪恨的，必得小心應付才行。如此一來，心靈怎麼可能**不**恐懼？怎麼可能不日夜提防？就這樣，整個世界風聲鶴唳，處處殺機，死亡乃是必然的結局。

第5章

世 界

世界乃是天堂的反面；正因它處處與天堂相反，故世界的一切和真相的境界必然背道而馳。（T-16.V.3:6）

沒有一個世界不是出自你的願望，這正是你最後的解脫關鍵。只要你從心裡改變自己想要看的，整個世界必會隨之改觀。（W-132.5:1~2）

偉大的英國詩人華茲華斯（William Wordsworth, 1770~1850）創作了一首題為〈世界多紛擾〉（*The World Is Too Much with Us*）的十四行詩。詩人感歎，人類如此癡迷，竟然窮盡畢生之力追逐世俗的目標，甚至不惜切斷自己與大自然和心靈的連結。

詩人的時代尚且如此，何況當今之世！工作、家庭的各類需求，以及多如牛毛的電子郵件、簡訊和社群媒體一則則訊息，想要同時應付並且「把它們做完」，已成了不可能的事。儘管如此，我們仍然竭盡全力，鍥而不捨。有時候，我在互聯網上一呆就是好幾個小時，卻完全忽視了自己內心深處真正的需求——牢牢記住「我是靈性」、「我只要真正的平安」。

我們始終認為外面這個世界很真實，也很重要，只因它是我們賴以生存的競技場；我們堅信世界有能力傷害我們，故凡事必須未雨綢繆。但即便如此枕戈待旦，天災人禍仍會隨時降臨。對〈練習手冊〉第三十一課之宣言，大家應該早已耳熟能詳：「我不是眼前世界的受害者。」然而，一旦面臨失業、手頭拮据、橫遭車禍，乃至失去最愛之人，怎麼可能不覺得自己是個受害者？在大多數人心目中，這世界真的很不公平，為什麼有人春風得意，有人苦苦掙扎？其實，只要剝開任何成功人士的外衣，包括總統、企業執行長、運動員、名人、好萊塢巨星等等，就會發現，他們生活中的某些方面同樣充滿了痛苦和遺憾。他們可能富可敵國，卻與子女疏遠；或者功成名就，卻鬱鬱寡歡；又或者人人欽羨，卻深感孤獨。

世界為我們帶來快樂和痛苦、成功和失敗、秩序和混亂、美麗和恐怖。我們總是追求積極的一面，刻意迴避消極的一面。但無論多麼出人頭地、多麼健康富足，最終死亡還是奪走了一切。追逐世間聲色犬馬，幸福必然淪為無常之物，令人難以捉摸。「去找，但不要找到」（T-12.IV.1:4），乃是小我的座右銘。〈教師指南〉更是一針見血地指出，我們「看不清自己究竟在求什麼，只好上窮碧落下黃泉地追尋；每當自以為找到了時，結果都是令人失望的一場空。『去找但不要找到』乃是世界最無情的遊戲規則了；凡是追求世俗目標的人都過不了這一關的。」（M-13.5:6~8）

世界是什麼？

這一切究竟來自何處？

我此生的目的是什麼？

上主到底要我做什麼？

幾乎每個人都曾經提過這類大哉問。猶太教與基督教的經典《聖經》是這樣說的，上主用六天的時間創造了世界，並委派人類掌管那美好的造化。問題是，只需看一看眼前這個苦海人間（且不說殘忍的「食物鏈」），我們不禁要問：「一個慈愛的上主怎麼可能創造這樣一個世界？」

確實，上主不可能創造這種世界，也從未創造過它，這是《奇蹟課程》一直強調的觀點。我在此僅節錄幾小段：

> 你眼中的世界是個充滿分裂的世界。（T-12.III.9:1）

> 你眼前的世界只是一個幻相而已。上主從未創造過這樣的世界，因為祂的創造必是永恆的，如祂自身一般。然而，你眼前的世界沒有一物是永世長存的。也許有些會比其他東西持久一些。然而，時辰一到，一切有形之物都有個結束。（C-4.1:1~5）

> 看似永恆的宇宙萬象，終有結束之日。星辰將消逝，日夜不復存在。潮汐消長，四季循環，還有生來死去的生命，以及所有隨時間而推移的萬物，從此一逝不返。時間的盡頭，並非永恆的起點。（T-29.VI.2:7~10）

上主藉由推恩而創造祂的一體生命，因此，祂所造之物必然和祂自身一樣。上主必是永恆、慈愛且圓滿的；世界卻是變化無常又支離破碎，與上主全然不同，故世界絕非出自上主之手，而只是聖子的分裂心靈憑空幻想出來的罷了。

因此，只要我們還珍惜這個世界和它迷人的誘餌，就等於在餵養分裂；即便只是重視其中一個目標，也會與覺醒失之交臂，只因我們已經選擇了分裂。說起來，這種奇蹟理念著實不易理解，尤其對剛入門的奇蹟學員。

心靈平安基金會最常收到的一個問題是：「世界如此美麗，絢爛的晚霞和彩虹，還有可愛的小貓和小狗，這些怎麼可能是假的？我怎麼可能不喜歡？這些怎麼可能不是出自上主的創造？」

通常我會以反問作答：「這種美感究竟從何而來？它是世界的本質嗎？」換個問法就是：「美感是獨立存在於人的感知之外？還是源自人心？」如果你不幸失去摯愛，或者深陷痛苦之中，那些景況看起來還會覺得很美好嗎？如果不會，顯然表示心靈才是我們如何看待世界的決定因素。

另外值得一提的是，我們一般需要從遠處看，才能欣賞到世界的美好。比如從山峰之巔遠眺森林田野，或由沙丘之頂遙望無邊大漠，無不令人心曠神怡。相反的，若是近距離去看就大異其趣了，鬱鬱蔥蔥的森林裡面充斥著死亡的腐敗物，到處滋生蟲子和黴菌⋯⋯。由此可知，我們所見的景象是有選擇性的，只著眼於美好的一面，而（存心）忽略令人厭惡的一面。

〈練習手冊〉有兩課談的是「上主的目的」，有助於我們理解上述幾個大哉問。首先是第二十九課：「上主在我所看到的萬物之內。」乍看之下，它好像在說，正因上主及其所有屬性都存於世界內，世界本身才如此美妙非常，故它必然出自上主的創造。好，問題來了，如果彩虹和飛瀑是上主造化的一部分，那麼，龍捲風、海嘯、貧民窟、集中營，乃至有毒廢物垃圾場當然也不例外。顯然，這些都與「上主聖愛的臨在」這一觀念格格不入，難怪人們一直想要把它們合理化。

為了釐清這個疑惑，第三十課接著補充了一層因果邏輯關係：「上主在我所看到的萬物內，因為上主在我心裡。」我們在「外面」世界感知到的美好和厭惡其實都只是心靈的產物而已，它們本身並不存在。上主從未創造過這個世界，但祂確實創造了我們的心靈——當然不是小我之心，而是住在我們每一個人心內的聖靈。《奇蹟課程》認為，我們在世上所看到的一切，都是我們自己的心靈及其信念所形成的結果。這讓我想到莎士比亞的名句：「世上本無好壞，思想使然。」比如一個人忙碌了一整天，又累又餓，一心只想趕回家，卻偏偏遇上堵車，便難免著急上火；但如果他正與同乘的人相談甚歡，就不大會注意到交通狀況。可以說，外在環境和狀態如何，完全取決於我們如何看待它們而定。

否定「神正論」

數百年來，神學家一直絞盡腦汁去處理「人間邪惡」的問題，他們企圖為上主開脫罪責，卻糾結於荒謬的邏輯中，於是提出了一套「神正論」（theodicy），以便在邪惡的面前為上主的美善正名。同樣的，這些神學理論都不足以令人信服，因為問題依然存在：如果上主是愛，怎麼可能創造出這個充滿邪惡的世界？

針對神正論的問題，《課程》給出一個簡單而有力的答覆：「上主從來**沒有**創造過世界，這一切都是聖子自己幻想出來的；上主對這個世界一無所知，祂只知道自己與聖子的交流管道堵塞了；上主不會對此作出任何判斷，更別說獎賞或懲罰了。」所以才說，我們在這世間所看到的一切惡與善，全都出自我們自己的心靈；這同時也是我們的責任。下面這兩段〈正文〉說得更為精闢：

> 你打造的世界受制於專橫無理的「法則」之下，才會如此混亂無序，顯現不出任何意義。由於那個世界是出自你所不要之物，你因為怕它才把它從心中投射出去的。世界始終存於打造它的心靈，與真正的救恩同在你心內。切勿相信世界在你心外，因為你必須先認清世界真正的所在，才有駕馭它的可能。你確有駕馭自己心靈的能力，因為心靈乃是你的決定中樞。（T-12.III.9:6~10）

> 你的心靈接受什麼，它就成了你的現實。是你的接受使它變為真實的。如果你讓小我在心中稱王，等於大開方便之門，任它鳩占鵲巢。（T-5.V.4:1~3）

這是《奇蹟課程》的基本功課：我們必須為自己的經歷負起責任來。若要改變世界，無需採取行動（除非我們得到這樣的指引），而只需改變自己對世界以及所遇之人的看法就行了。可還記得〈正文〉是如何規勸我們的：

> 你眼中的世界，全是你自己賦予的，如此而已。既不多，也不少。因此，世界對你變得意義重大。它是你心境的見證，也是描述你內心狀態的外在表相。一個人如何想，他就會如何看。為此，不要設法去改變世界，而應決心改變你對世界的看法。知見是果，不是因。（T-21.in.1:2~8）

換句話說，真正的改變只可能發生於心靈層次。只不過，我們卻執著自己的信念，執著對自己的所知所見所賦予的意義，那就是「怎麼可能憑自己去改變心靈？」為此，我們才需要求助，而出手搭救的正是聖靈。祂就在心靈內，那兒才是真正需要改變的地方。按照《奇蹟課程》的說法，聖靈是我們與上主之間僅餘的交流管道，祂的任務即是將我們錯誤的知見轉譯為真理，或者至少轉向那一目標，藉此消除我們的怨尤和煩惱。那些怨尤或者以我們料想不到的方式呈現出來，或者直接銷聲匿跡。話說回來，如果缺少了我們的願心，聖靈也愛莫能助。為此，我們的首要之務，就是認出那些隨時浮現的缺乏愛心的念頭及知見，而不把它們當真，又或者根據這類錯誤的判斷去擬定計畫。我們應把它們全都交託到聖靈手中，讓祂來幫助我們。我們要的是聖靈的詮釋，而非我們自己的詮釋。它們在聖靈眼中都只是愛，以及愛的表達，其他一切純屬幻覺，根本就不存在，因為上主從未創造過它們。前文已說過，這個過程就是《課程》所說的「寬恕」。

那麼，寬恕是如何發揮作用的？下文要敘述的例子看似微不足道，但別忘了本課程再三提醒的「奇蹟沒有難易之分」（T-1.I.1:1）。等級和個人偏好全屬於形相世界，它們在上主的一體之境根本沒有立足之地，因為那兒沒有部分之別，更沒有層次之分。我個人倒是挺喜歡一些「小小的」事例，因為它們都有可能發生在自己身上，故也更容易接受。相形之下，「大」的奇蹟或震撼人心的寬恕故事，確實能鼓舞世人，但也有可能讓人感到自卑和沮喪：「這樣的事情怎麼可能發生在我身上？」故事越不可思議，我們就越覺得自己無緣經歷類似的事情。好，接著就來舉一個小小的例子。

有一天在新聞報導中，我看到一位年輕人在社群平臺上發表文章和視頻，聲援我最討厭的前任總統及其政黨。我心裡憤憤不平，對那位年輕人更是沒什麼好感。當我意識到自己的攻擊念頭以及它們帶來的影響時，便馬上把它們「交給」聖靈修正。後來，我繼續瀏覽那些報導時，發現那個年輕人已經察覺到自己的錯誤，他現在不僅不再發佈這類有可能引發暴力的網路信息，甚至專門揭露這類煽動性文章背後的謊言和惡意。為此，我在心裡默默地向他道歉並表示感激之意。

說起來，我根本不了解他，但就在我決定改變自己的看法、放下對他的評判之際，他改變了，世界也隨之改變了。

很可能，大多數人會嘲笑那只是無稽之談，純屬巧合罷了，再說，這個世界也沒有因此改變。事實不然，我經歷過太多這樣的「巧合」了，因此深信它們並非只是偶然事件。在現實生活，隨著政壇兩極分化而陷入令人抓狂的僵局，我已經逐漸意識到，唯有聖靈的寬恕之道才有可能實現真正的改變。

別忘了，寬恕的受益者首先是自己，其次才是其他所有人。我只要選擇與聖靈攜手合作、操練寬恕，自然會更加愛好和平，更加慈悲，更有愛心。我的心態會影響到身邊每一個人。套用《課程》的說法，它甚至能影響到與我緣慳一面的人，因為心靈原是相通的；事實上，所有的心靈都是一體不分的。

知見的世界

一旦我們試圖探討世界的本質，便會遇到一個問題——

任何討論都基於一個根深柢固的信念：世界是客觀存在的，它獨立於人類意識之外，與我們根本是兩碼子事。這種信念與分裂之念沆瀣一氣，讓人更加難以克服。畢竟，我們花了數年甚至數十年的時間，才學會如何看、聽、聞、嚐、觸，以及如何解釋這些感官搜集回來的資訊。如今，《奇蹟課程》三番五次提醒我們，必須放下對世界的信念，因它純屬虛妄，只會阻礙真理和真知的來臨。我們對眼前的世界如此執著又如此堅信不疑，也正是因為那些知見使然。因此，我們首先必須改變的，就是自己的所知所見。誠如〈正文〉第二十一章所言：

> 知見藉著分別取捨而造出了你眼前的世界。此言不虛，它確實是根據心靈的指示挑選出自己想要的世界的。……你的所知所見不過代表了你的選擇，與事實真相無關。（T-21.V.1:1~2;7）

如果能承認這一真相，便會為自己帶來一種徹底的解脫和強烈的自由之感。一如前文所說，我們並非這坎坷一生的無辜受害者，而是自己主動參與其中的。為此，如何看待這個世界以及看待身邊所有人，我們其實是可以選擇的。他們究竟是存心奪走我的一切、隨時置我於絕境的死對頭？還是與我共享同一個偉大自性、同一個生命真相的弟兄？究竟來說，他們當然與我無二無別。我是靈性，他們亦然；我是上主之子，他們亦然。在上主眼中，大家都一樣。而在小我世界裡，你我則顯然不同，包括外表、個性、才能、需求、所經歷的陳年往事、願望及目標等等；所有這些全是分裂之夢的陰影，沒有一個屬於終極實相，因為上主從未創造過這樣的世界。

「知見……造出了你眼前的世界」，這一慧見將力量還給我們。囚禁我們的牢籠是我們自己一手打造出來的，故我們自己才是覺醒的關鍵所在，而唯一需要改變的只有心靈。一旦接受了這一事實：「分裂並沒有改變任何事情，我們仍是上主當初創造的模樣。」那麼，我們心目中所有的「罪過」也必會受到「寬恕」，因為我們知道這一切從未發生過。我們的狂妄之夢以及由它打造出來的世界，絲毫影響不了上主的實相和聖子的生命真相，我們依舊純潔無罪，而且神聖無比。

話說回來，在我們學會接受這一慧見並視為真理之前，所謂的「慧見」對我們毫無幫助。畢竟，這不是一件容易的事，但是，只要經驗過奇蹟，經驗過打破人間所遵循的因果法則，我們就不會再執著於「世界是客觀存在的」這一頑強信念了。

本課程明確指出，它的目標即是清除我們的知見，並以另一種眼光取而代之，也就是「基督慧見」。既然知見將我們囚禁於分裂世界的牢籠裡，那麼，一旦化解了那些知見，就等於打開了直通上主和真理的大門。

在《從失心到一心》一書中，我設計了一系列練習，用意就是幫助大家消除對知見的依賴，也佐證了知見確實很不靠譜。我們大概無法「視而不見」肉眼所看到的一切，但我們是可以罔顧它們所強化的判斷與分裂的。我們一旦意識到眼中所見的差異只是夢境的一部分，便能從中脫身而出。當我們承認自己並不知道世上任何事物的意義時，就等於為聖靈的詮釋敞開大門。聖靈只看得見愛——人間無論何種形式的表達，若不是愛，就是對愛的呼求。只要將祂這種詮釋納為己有，我們就不可能淪為判斷和知見的奴隸，而是用基督的慧見去看待一切，準備迎接奇蹟的來臨。

只有過去

為什麼我們的世界觀總是出錯？〈練習手冊〉第七課給出了答覆：我們「所看到的只是過去的經驗」。既然過去已經過去了，它無法還魂於當下這一刻，因此，我們對「過去」所作的判斷，意義一定會失真。

乍看之下，「我所看到的只是過去的經驗」（W-7）這一觀念有違常理。環顧一下四周，我們所看到之物明明就在眼前，但它們的意義全是由過去的經驗所賦予的（這正是《從失心到一心》第二章的主題）。比如當我們看到勺子、汽車或大樹時，都是憑著過去的經驗去識別它們；而且每一件物品都有它自己的位置，如果那些勺子、汽車或大樹出現在銀行裡面，就會令人困惑，甚至大吃一驚。

在大多數情況下，我們的感知都是比較正面的，通常不會引發自己本身的恐懼或負面欲望，自然無需迴避或渴切追求這些感知。然而，這種情形並不適用於我們對他人的看法，因為我們最愛對他人品頭論足，比如對方的長相及口才如何、都認識哪些人、出身於什麼學府、開什麼品牌的車、從事什麼工作，當然還有我對他的種種期待。這類評判很容易轉變成攻擊，或賦予「別人」一種特殊感，覺得他和我不一樣。無論哪種狀況，都只會強化「我和他是兩個不同的獨立個體」這一信念。倘若對方辜負了我的期待，立馬心生不滿。只要還仰賴自己那些破綻百出的判斷，就不可能不心懷怨尤。已經步入成人的我們，一輩子不知積壓了多少怨氣，根本無法看清它們的廬山真面目，更遑論釋放它們了；我們早已淪為自己那套紮根於過去的信仰體系之奴隸了。

在本系列的前兩本書中，我們已經討論過佛教術語「初心」，意即能夠放下判斷，像第一次那樣迎接每一事件、每一個人。我們彼此相遇時，若能不存任何先入之見，只願矚目於對方的神聖真相，那會是怎樣的一種體驗呢？〈正文〉是這樣描述的：

忘卻一切判斷吧！別再理會你對別人存有的善惡之

念了。如今，你對他可說是一無所知。你終於能輕鬆自在地向他學習，並且重新認識他了。如今，他對你好似重生之人，你對他也是如此，你再也不會像過去那般想置他於死地，甚至不惜跟他同歸於盡了。他終於能像你一樣自由地活出自己，因為你百千萬劫的學習經驗都已過去，真理終於找到了重生之地。（T-31.I.13）

《奇蹟課程》反覆提醒我們：一旦認識到自己的判斷如此扭曲而放下它們時，不僅自己受益，他人也必會獲益的；最終雙方都會認出，大家本質上其實完全一樣。無論個性如何，也無論罪孽多深，神聖的光明始終臨在於每個人身上。正是這種認知所帶來的愛心與慈悲，取代了競爭、攻擊、犧牲與討價還價。為此，〈正文〉不厭其煩地叮嚀我們：

不論你遇到什麼人，應牢牢記得這一會晤的神聖性。你如何看他，你就會如何看自己。你如何待他，你就會如何待自己。你如何想他，你就會如何想自己。千萬不要忘了這一點，因為在他身上，你若不是找到自己，就是失落自己。每當兩位上主兒女萍水相逢之際，就是天降救恩之刻。不要錯過這個給予對方救恩和親自領受救恩的機會。（T-8.III.4:1~7）

沒有過去，便無從判斷。因為沒有任何一物會讓你聯想到其他所有事物，也沒有任何一人會讓你憶起其他所有傷害過你的人，或者你愛過又失去的人。一如上面所描述的：如今，你終於可以透過聖靈的慧眼來看待弟兄，將他和你由幻相中釋放出來，認出他內的神聖光明，那正是你在自己身上看到的同一光明。

所謂救贖，目標其實就是化解過去。它明確地告訴我們，真相只可能存在於當下這一刻。唯有擁抱現在，才能放下過去，因而也釋放了未來。否則未來必然籠罩在過去的陰影下，讓人不斷重蹈覆轍。若要脫離時間的迴圈，除了當下，別無選擇。故說「現在就是寬恕」（T-17.III.8:2）。因為現在這一刻沒有過去，又何來怨尤？它們已不復存在。這正是救贖所給出的承諾：

> 救贖，只是教你如何擺脫過去學到的經驗、當下認出自己的真相。（T-14.XI.3:1）

> 你也可以把「救贖」理解為「完全不受過去的羈絆，毫不在意自己的未來」。天堂就在此地。此外沒有其他地方。天堂就在當下。此外沒有其他時間。（M-24.6:3~7）

聖靈和耶穌的任務便是完成救贖大業，若沒有他們的幫助，寬恕幾乎是不可能的事，只因我們心目中的過去依然真實無比且牢不可拔，令人深信不疑。然而，我們若不願求助，他們也愛莫能助。為此，我們都負有一個基本的任務，就是留意心裡每一個不寬恕的念頭，把它們全都交到聖靈手中，讓祂來為自己詮釋。我們愈早看清它們的真面目，就能愈快擺脫它們的黑暗勢力。這也許只需幾秒，也許長達數十年之久，時間的長短並不重要，我們的發心和努力才是關鍵所在。當我們覺察到心裡的怨尤時，為什麼還要繼續背負它呢？它不只沒有帶來任何好處，還破壞了我們內心的平安。

從覺察到釋放，這種過程就像學習任何新技能一般，既要反覆練習，還得持之以恆。我們常會忘卻自己的任務而陷入判斷之中；那些怨尤也會悄悄溜出我們視線之外，引發種種攻擊念頭。但假以時日，我們一定可以駕輕就熟；也唯有耐心和恆心才能為我們帶來豐厚的回報。如同〈正文〉這一提醒：「此書是一部訓練你起心動念的課程。」（T-1.VII.4:1）我們必須鍛煉自己的心靈，全面扭轉小我灌輸給我們的那一套。只要盡到自己的本分，整個世界必會隨之改觀，表示我們已經看到並且進入了《課程》所說的「真實世界」，為最終回歸到上主那兒奠定了基礎。

第6章

真實世界

真實世界屬於心的境界，在它的眼中，寬恕才是世界唯一的存在目的。（T-30.V.1:1~2）

你必須先夢到平安，才有機會覺醒於平安。（T-13.VII.9:1）

只要容許聖靈代我們判斷，我們的知見必定隨之轉變，再也不會把世界看成一堆互不相屬的物品、身體與事件，也不再把這一切當真。我們終於學會「看見」（並非肉眼之見）每一個生命的神聖光明——既能在他們身上認出這一光明，當然也能在自己身上認出它來。於是，就自然地結合於合一之境，因為我們在彼此身上見到的光明原是同一光明，它比我們在小我世界所看到的任何一物都更為真實，也更具吸引力。

這個境界就是《奇蹟課程》經常提到的「真實世界」，但這個觀念顯然令不少奇蹟學員感到困惑。如果表相世界的背後還有一個真實世界，會不會是上主創造了它？若要找到恆久的幸福，我們是不是只需看穿小我的世界就行了？五官所感知的整個世界既然是幻相，我們是否必須放下？一切既然是一場夢，我們是否要快快醒來？凡此等等，都有待進一步的釐清。

很遺憾的，《課程》有幾句零散的話似乎暗示了，上主在真實世界中扮演著某種角色——縱然從整部課程的教誨來看絕非如此。看看下面這一段〈正文〉：

> 你所見到的世界，不可能是天父所造的，因為世界絕非你眼中的模樣。上主只可能創造永恆，然而，你所見的一切卻是可朽之物。因此，必然還有另一個你看不見的世界存在。（T-11.VII.1:1~3）

乍看之下，這段話好像告訴我們還有一個超越知見的世界，它永恆不滅，且深為上主所知所愛。然而，本課程的核心理念卻是：「上主根本不知道天人分裂這一回事，世界是由分裂之念衍生出來的。」因此，上主沒有也不可能在其間扮演任何角色。上主是真實且圓滿的，祂是愛，而且也只有愛；除了愛，任何一物都無法立足於祂內。既然如此，上主怎麼可能把圓滿之境分割開來，從中創造出一個「真實世界」呢？

究竟而言，上主只知道祂自己和祂所創造的聖子（以及聖子所創造的一切），僅此而已。不過，上主的確給了我們一條解脫小我世界的途徑——救贖。聖靈和耶穌掌管了整個解脫過程，因為聖靈既是聖子奧體心靈內的一部分，本身又永存於天堂裡；而耶穌則已經徹底覺醒於他的真實自性——即基督。我們即使分裂了，依然共享這一自性。〈練習手冊〉明確指出：

> 你企圖放棄自性的計畫，所陷害的不是上主。祂對自己旨意之外的計畫一無所知。雖然祂不了解你那些需求，仍會予以答覆的。如此而已。你一旦得到了祂的答覆，就再也不會希罕任何東西了。（W-166.10:3~7）

「救贖」所要化解的，正是知見顯示給我們的世界；一旦完成了這一任務，覺醒的障礙便不復存在，我們自然歡迎上主與我們重新結合。只不過，如果這一過程是在瞬間完成，絕大多數人都會戰慄不已。因為我們對小我、對身體以及自己的人生故事太投入了，根本不可能心甘情願地放下它們，所以必須循序漸進，才能慢慢體會那種超越世間一切的經驗。《奇蹟課程》雖然給出各種承諾，但光看文字難免疑慮重重。然而，如果我們能體驗到光明、真愛或神祕的一體之境，就會十分篤定它比世間所能給的任何東西都更為真實，因而成為自己唯一想要之物。這種體驗正是這一整套培訓課程所致力的目標：「人間不可能有放諸四海皆準的神學理論的；然而，放諸四海皆準的經驗不只是可能，而且是必須的。本課程的目標就是指向這一經驗。」（C-in.2:5~6）

因此，最好把真實世界視為覺醒之路的一個驛站。只要我們還執著於身體和小我，「放棄它們」這一想法便會顯得萬分可怕。只因我們認定了失落自我就等於死亡，這個想法必然會讓人害怕得避之猶恐不及。事實上，聖靈絕不會透過恐懼來教我們，因為恐懼與愛無法並存。要知道，救贖並非一躍而入合一之境，而是逐步推進的。我們一旦準備就緒，聖靈自會完美地與我們配合，恐懼也永遠無法侵入。於是，我們的自我概念逐漸消融，取而代之的是真實的一體之境，以及隨之而來的喜悅。如同〈正文〉所說：

> 如今，聖靈必須設法讓你明白，你得先化解這個自我概念，才可能獲得心靈的平安。除非祂能教你看出你完全不是你自以為的那一回事，你才可能放下後天學來的自我概念；否則，祂若立即要求你徹底放棄你目前仍然相信的這個自我，必定會激起你內心更大的恐懼。
>
> 因此，聖靈的教學計畫可以總結為幾個簡單的步驟，過程中難免會引發你一些不安及焦慮，卻不至

> 於全面推翻你過去所有的經驗，它只會將眼前的事件按照祂的眼光重新詮釋而已。（T-31.V.8:3~9:1）

如果「知見」是維繫分裂狀態的最大因素，那麼，清除知見就必然是覺醒的先決條件。「以正見來取代妄見」這種說法表面上有點矛盾，因為嚴格來講，所有的知見都是虛假不實之物；但這個說法也正是我們重返家園所需要的。聖靈在這一過程會顧及我們的信念和處境，以最合適的進度展開，讓恐懼得以平息；當喜悅來臨時，便再也沒有任何阻力從中作梗了。

真實世界意味著正見心境居於主導地位，寬恕也是全面的，因它建立在所有人和所有知見之上，不再著眼於萬物的不同，也不再根據過去的經驗去評判。這意味著不論任何狀況，我們都不是憑靠自己判斷，而是交到聖靈手中，以祂的寬恕慧見去看。雖然我們的肉眼仍會看到分裂之境，但心靈卻不再與它認同了。〈正文〉這樣提醒我們：

> 你必須否認眼前的世界，因為那景象會使你失落另一種眼界。**你不可能同時看到兩個世界**，因它們要求不同的看的方式，端看你珍惜哪一種眼光而定。你必須否認其中之一，才可能看到另一個世界。（T-13.VII.2:1~3）

這一教誨始終貫穿整部課程，例如〈練習手冊〉第一百二十八至一百三十課的主題「眼前的世界沒有我真正想要的東西」;「我所渴望的世界,超乎塵世之上」;「我不可能同時看見兩個世界」。又如第二百七十及第二百七十一課的聲明「今天,我不再用肉眼去看」,「今天我要發揮基督的慧見」。然而,只要我們還是盯著這個由不同的人事物組成、充滿差異的世界,就無法做到課程所說的寬恕。我們最多只是先把罪過和怨尤當真,然後裝出一副正義之士的模樣,高高在上地放它們一馬。但這絕對不是真寬恕,更不會帶來「真實世界」這種慧見。為此,我們亟需基督的慧見。

基督慧見

我們的肉眼無法看到任何真實之物(亦即上主所創造的一切)。肉眼只是感知系統的器官,故它帶回的,也只是我們為了逃避分裂之罪而投射出去的東西。

基督慧見則截然不同,它對形體層次或任何差異一向視若無睹,它能超越知見藉由五官所帶給我們的分裂幻相。誠如〈練習手冊〉這兩段動人的描述:

> 基督的慧見只有一條法則。就是它絕不著眼於身體,也不會把身體誤認為上主創造的聖子。它看到的是超乎身體的光明,超乎一切形相的理念;它

所見到的純淨本質，遠非錯誤、瑕疵，甚至罪之夢魘裡的可怕罪咎所能污染。在它眼中沒有分裂的生命。它是以永不失色的光明看著每一個人、每一境遇、每一件事。（W-158.7）

基督的慧見就是奇蹟。它來自一個遠超乎自身的境界，因它所反映的乃是永恆的聖愛，以及生生不已、永世不朽，卻塵封已久的愛。基督的慧見會為你勾勒出天堂的景象，因祂眼中的世界與天堂如此肖似，足以反映出上主的圓滿造化。（W-159.3:1~3）

我們若以基督的慧見去看待世界，整個世界都會顯得光明潔淨，美輪美奐，只因它反映出上主創造我們心靈時的光彩和美善。我們眼中的一切就如聖靈眼中的一切，只注意到有愛之物，此外**沒有什麼**可看的，因為此外沒有別的東西了。凡不屬於愛的，或者不是上主創造的，便不存在。聖靈只可能看到存在之物，祂既不會參與我們的妄見，也不會維護我們打造出來的世界，而是將我們的所知所見與愛同步，把幻相帶入真相內，引領我們直抵基督慧見和真實世界之境。〈正文〉是這樣提醒我們的：

不要企圖透過肉眼去尋找慧見，縱然你自行發明了一種能在黑暗中看見的伎倆，把自己騙得團團轉。所幸，基督慧見仍在你內，祂能超越黑暗而在光明

> 中俯視萬物。你個人的「見地」只可能出自恐懼，基督慧見才源自於愛。祂會為你看，為你的真實世界作證。（T-13.V.9:1~4）

基督慧見是我們在這世上唯一的目的，如同〈練習手冊〉所言：「你的目的乃是透過自己的神聖本質來看世界。如此，你與世界才會一起蒙受祝福。」（W-37.1:2~3）也就是說，以聖靈所賜的具有療癒作用的基督慧見，取代自己充滿缺陷的肉眼之見。

如何獲得基督的慧見？答案很簡單，就是寬恕——釋放過去以及它所代表的一切。只要我們還相信這個充滿衝突與攻擊的世界，就不可能活在平安中，更別說以身作則、教人平安之道了。我們在兄弟姐妹身上看到什麼，必也在自己身上看到什麼。如果他們有威脅性，我們必然也有；他們心懷不軌，我們也一樣；我們若不信任他們，他們當然也不會信任我們。

由此看來，寬恕是一件雙贏的事。沒有人逼我們犧牲自己的義怒，或者毀掉自己所珍視的自我概念。我們只需放下那些錯誤的詮釋，因它們只會讓我們著眼於弟兄的身體，蒙蔽了弟兄實存生命的神聖光輝。唯有寬恕方能讓他們的唯一真相大放光明。當弟兄從我們的評判中解脫出來時，我們必會隨之解脫！誠如〈正文〉所說：「你所寬恕的人從你那兒獲得了寬恕你幻相的力量，而你也會在給人自由之際重獲自

由。」（T-29.III.3:12~13）

只有透過寬恕，我們才可能獲得基督的慧見。在基督慧眼中，沒有什麼不配得到寬恕的。你與弟兄都是靈性，而非身體。你們完全相同，都是在一體生命中受造，也都出自同一個慈愛的造物主。當你親眼看到自己的弟兄沐浴在真理的光明下，你怎麼可能心懷怨尤呢？對此，〈練習手冊〉有幾段精彩的解說，我們來讀一下：

> 在幻相世界裡，寬恕是唯一能夠代表真相之物。它能看出幻相的虛無……。它正視謊言，卻不受其欺騙。（W-134.7:1~3）

> 只要我們的焦點能越過那些過錯，就會看到一個全然無罪的世界。如果這一眼界是我們唯一想要看到的，如果這個正知見是我們唯一想要找到的，那麼，我們不可能沒有基督的慧眼的。祂對我們的愛，必會成了我們自己的愛。這愛成了我們在世界與自己內所看到的唯一倒影。（W-181.8:3~6）

> 世界與上主的造化便在基督的眼中交會了；它們一會合，所有的知見自然銷聲匿跡了。（W-271.1:3）

這世界會如何結束？

對大多數人來說，一想到認知能力消失，必會感到害怕。不妨問一下那些服用過大劑量迷幻藥的人，當他所熟悉的堅固而真實的世界逐漸融化、消失時，會是什麼樣的感覺？當然是恐懼不安！難怪西方宗教將世界末日刻畫得如此恐怖：上主降臨，滿懷報復怒火地審判這個世界以及所有世人；但凡配不上祂的，不僅不能進入天堂，還要打入地獄熔爐，永世不得翻身。

針對「世界末日」，《奇蹟課程》提出了截然不同的看法，與慈愛的上主更為相符：

> 世界面對的最後審判，不會定任何人的罪。因為在它眼中，世界已獲得徹底的寬恕，全然無罪，也失去了存在的目的。它既無存在之因，此刻在基督眼中又無任何作用，它只好回歸虛無之境。世界源自何處，終將歸於何處。世界既源自一個夢境，則夢中所有的角色也會隨著世界一起消逝。如今，身體既然一無所用，只好自行引退，因為上主之子的生命是永恆無限的。
>
> 任何相信上主的最後審判會把世界和自己一起打入地獄的人，需要接受這一神聖的真理之言：上主的審判是祂給你的禮物，幫你修正所有錯誤，使你得

> 以由那些錯誤及有形可見的因果報應中脫身。害怕上主救贖之恩的人，無異於害怕自己會由苦難中徹底脫身，害怕自己重獲平安、保障及幸福，害怕與自己的本來面目復合。
>
> 上主的最後審判，和祂制訂的救恩計畫一般仁慈，每一步都在祝福聖子，呼喚他回歸上主賜他的永恆平安……。
>
> 上主的最後審判不外是：「你仍是我的神聖之子，永遠純潔無罪，永遠慈愛，也永遠被愛，你如自己的造物主一般無限，全然不變，永遠無瑕可指。因此，覺醒吧！回到我這兒來。我是你的天父，你是我的聖子。」（W-PII. 十 .2:1~5:5）

我們若能接受上述這種觀點，而非基督教傳統所宣揚那種恐怖的末日景象，一定會迫不及待迎接它的到來。說到底，我們前進路上的一大障礙，其實就是那個自認為活在這個世界、虛假又有限的自我概念。當這個自我概念逐漸失去誘惑時，另一種選擇便會基於我們的經驗而愈來愈令人信服，我們的抗拒也會逐漸消褪。當我們親眼目睹真實世界時，也許不像啟示經驗那樣讓人心生敬畏，但它如此美麗可愛，足以成為我們評估自己所有知見是否真實可靠的標竿。我們愈是接近真實世界，對小我世界的信念就愈加消融。終有一天我們會明白，放棄不曾存在（也永遠不可能存在）之物，根本稱不上犧牲。

> 只要你決心接受自己是宇宙的「創造同工」這一正確位置，那麼你以為是自己營造出來的那一切，就會消失於無形了。於是，你開始覺醒於那原本如是而且永恆如是的那一切。（W-152.8:3~4）

> 世界必會在喜樂中結束，因為這兒是哀傷之地。喜樂一旦來臨，世界就失去了存在的目的。世界會在平安中結束，因為這兒是殺戮戰場。平安一旦來臨，世界還有什麼存在的必要？世界會在歡笑中結束，因為這兒是涕泣之谷。歡笑者所到之處，還有誰會哭泣？唯有全面寬恕，方能為世界帶來這一切祝福。世界會在祝福中離去，它的結束和它的起始境界截然不同。（M-14.5:1~8）

> 世界末日並非灰飛煙滅，而是被轉譯為天堂了。重新詮釋世界，就是把一切知見提升到真知之境。（T-11.VIII.1:8~9）

上主的最後一步

真實世界只是過渡期間的一個短暫的目標，縱然它是天國的必備條件，卻非本課程的終點。只要我們還重視小我世界的一切，還把知見世界視為唯一可以找到幸福之地，便永遠無法找到幸福；因為分裂本身就已經決定了這純屬天方夜譚。〈正文〉一開篇就明確指出：「愛是你與生俱來的稟賦。」（T-in.1:7）愛是永恆不滅的，我們無需**做**任何事就能體驗到它。沒有任何行為能將我們領回天堂那兒，因為所有行為都牽涉到身體，只可能發生在外面的世界。想在行為層次尋求自我解脫，反而強化了我們本來想要從中醒來的那個夢幻世界的真實性。誠如〈練習手冊〉所言：「悟道不過是一種體認，它不曾改變任何東西。」（W-188.1:4）

若要覺醒於真實世界，直抵上主創造的生命實相，就得放棄我們習以為常的所知所見以及它所描繪的虛假的世界畫像。一旦做到了這一點，我們便會透過基督的慧見看到真實世界。

《奇蹟課程》還告訴我們，連真實世界這一慧見也不會持續太久。只要清除了使我們感受不到愛的一切障礙，就沒有什麼阻擋得了我們憶起上主並回到祂的懷抱。我們不再重視這個時空世界和形體，唯一的渴望就是上主；上主也必會歡迎我們回歸圓滿之境。〈正文〉是這樣描述的：

> 讓你認出真實世界的那一知見，短暫得僅夠你向上主謝恩。因為在你抵達真實世界且準備接受上主之際，上主會在瞬間完成祂最後的一步。（T-17.II.4:4~5）

毋庸置疑，真實世界不存在時間。但我們會認為「萬物都會持續，就算短短一瞬間」，這個信念本身就是幻相的一部分。對於上主神聖之子來說，簡直不可思議，因他始終活在完美且永恆的當下。我們若留戀真實世界之慧見，努力護守著它，它就成為我們憶起上主的障礙，再也不配**稱為**真實世界了！

當我們徹底清除覺醒的障礙時，上主會立刻跨出《課程》所說的象徵性的「最後一步」，將我們擁入懷中。至此，知見已然讓位給真知，天國終於回歸到一體之境。如同〈正文〉所描述：

> 於是，這唯一真實的新知見當下便轉譯為真知了，你會在瞬間了悟：唯有這個才是真的。於是，你自己打造的一切，不論好壞，不論真假，方能一併拋諸腦後。因為在天堂與人間合而為一之際，連真實世界都會由你眼前消逝。（T-11.VIII.1:5~7）

這會讓你感到害怕嗎？如果是，表示你還執著於自我概念以及餵養它的小我。沒關係，我也是如此，世上每一個人都是如此（除了極少數人以外）。只要你仍在這具身體內，就很可能尚未覺醒，此生還有需要學習的功課，還得繼續認清愛的種種障礙，並且徹底根除。

但請記住，掌管學習進度的是聖靈，而不是你，也不是你的夥伴，或者讀書會那個帶領人。這足以讓你安心，因為在接受救贖的學習過程中，聖靈知道你每一步是否準備就緒，故祂的課程最能配合你的了解程度。祂絕不會透過恐懼來教你；你若害怕，那只可能出自小我，這也正是認清它的來源而從中脫身的大好機會。你唯一需要做的，僅此而已。如今的你如此安然，如此篤定，遠比你對這部課程和聖靈一無所知、還把自己當作一具身體地過日子要好得太多了。

總之，真實世界仍是一個短期目標。也唯有下定決心、堅持不懈地操練寬恕，才能臻至這一境界。但究竟說來，上主才是終極目標，真實世界只是一個「中繼站」，我們不會在此存留多久。我們既已準備好迎接上主的來臨，祂當然也會展臂相迎。一如〈正文〉所言：

> 如此，上主才有餘地跨出祂最後的一步。……寬恕識趣而退，象徵也銷聲匿跡，眼之所見、耳之所聞的一切，從此不復存在。圓滿又無限的能力已經來臨，不是為了毀滅，而是為了迎接一切屬它的人。你再也無需選擇任何任務了。……迎向那超越寬恕、超越象徵與有限世界的大能吧！祂只願如此，故祂必然如此。（T-27.III.6:7~7:9）

第7章

選　擇

《奇蹟課程》〈正文〉長達六百多頁，內容涵蓋了愛、寬恕、救恩、基督慧見、救贖、特殊關係，以及神聖關係等主題，最後一章壓軸那一節的標題是「重新選擇」，可見選擇有多麼重要。

「選擇」這一主題也貫穿了整部課程。原因十分明顯——我們早已迷失在小我夢境中，漫無目的地流浪，根本不知何去何從。若無外援，我們簡直插翅難飛。當然，這外援就是聖靈，但沒有我們的意願，祂也愛莫能助。祂需要我們的邀請，才能進入我們的生活，修正我們的知見以及我們對世界的詮釋。這正是我們必須作出的選擇：下定決心聆聽祂的天音，不再聽從小我的聲音。

自無始之始，聖子便作了一個與上主分裂的決定。他選擇了特殊性，而非愛。然而，那根本是一個不可能的選擇，因為愛才是上主創造聖子的本來面目。為此，愛與上主不可能**不是**我們的一部分。除了在聖子自己的心靈以外，這個分裂的決定壓根兒沒有真正並且持續的影響。但是，只要我們還相信自己是個分裂的個體，它就依然具有強大的力量。也因此，我們必須放下自己打造出來的一切，不再投注於執著不放的分裂之境，並決心選擇回到始終存於上主內的真實自性那兒。這才是我們唯一需要做的，本課程更是不斷重申：「『決定能力』乃是困在世界的你所剩下的最後一點自由了。」（T-12.VII.9:1）

這意味著，我們在世上所作的成千上萬個選擇，其實都不是真正的選擇，因為那些選擇絲毫改變不了我們的真相。我們最多只是在幻相與幻相之間切換，放掉一個再去抓另一個，希望它與上一個幻相有所不同，能讓自己滿足。但這絕非真正的選擇，因為所有選項都只會讓我們陷入幻相；正如同轉換不同的牢房，並不能讓我們從監獄中解脫出來。唯一**真正**的選擇、也是唯一重要的選擇，就是在上主與小我、靈性與身體、真相與幻相之間作選擇。下面這兩段〈正文〉說得更清楚：

> 你究竟想與真相或幻相合一？決定權操之於你。但你必須記住，選擇一方等於放棄另一方。凡是被你

> 選中的，你必會賦予它美善與真實性，因為你一定對它非常重視才會選中它。美麗的火花或是醜陋的紗幔，真實的世界或是充滿罪咎及恐懼的世界，真相或是幻相，自由或是奴役，這些選擇其實都是同一選擇。萬變不離其宗，它們所代表的就是在上主或小我之間的選擇。（T-17.III.9:1~5）

> 聖靈和小我都屬於你的一種決定。兩者構成了心靈可能接受及遵循的所有選項。聖靈與小我是你絕無僅有的兩種選擇。一個出自上主的創造，你消除不了它。另一個是你自己打造出來的，因此是可以消除的。只有上主的創造才無法逆轉及改變。你自己營造之物，則如白雲蒼狗，變化莫測，因為當你不以上主的模式去想時，你是想不出任何名堂的。出自錯覺的妄想，不能算是真正的想法，不論你如何相信它們。你想錯了。（T-5.V.6:6~14）

即使在短短的一天裡，每個人都會面臨成百上千個選擇。大多數看起來無關痛癢，甚至不值一提，比如說，穿什麼衣服或吃什麼早餐。有些則比較重要，比如去哪裡上學、申請什麼工作、是否要做手術等等。無論如何，都請記住奇蹟第一原則：「奇蹟沒有難易之分。一個奇蹟不會比另一個奇蹟『更難』或『更大』。它們全是同一回事。」（T-1.I.1:1~3）〈練習手冊〉第七十九課也曾一針見血地指出：我們生活的方方面面確實會遇到各式各樣的問題，而所有問題全都源於一個問題，即「天人分裂」。我們已經認同身體，活在這個充滿威脅的世界，且必定一死，為此，我們不得不時刻保持警惕，未雨綢繆，以便掌控未來。比如健康飲食、鍛練身體、服用藥物、安裝警報器，或者購買槍支、努力攢錢以備不時之需等等。不消說，這些計畫全都行不通，因為身體不是出自上主的創造，它只是幻相世界的一個面向，註定會衰老死亡。

無論我們在幻相世界裡作什麼選擇，沒有一個能將我們喚醒——選擇不同的幻相是不可能消除幻相的。事實上，每一個幻相骨子裡都在鞏固我們對假相世界的信念。《奇蹟課程》非常明確地指出，哪怕只珍惜一個幻相，也無法覺醒。為此，我們必須認清它們是什麼（以及不是什麼），最終交由聖靈來重新詮釋。故說，本課程是一部教人「化解」的課程。我們的生命實相始終完好如初，永不改變。要放下的是那些幻相，因為它們遮蔽了我們的慧眼或基督慧見。《課程》再三叮嚀我們：

> 你必須隨時提醒自己，你眼前似有上千種選擇，其實真正的選擇只有一個。即使這一個，也只是看起來像個選擇罷了。不要被那無數選擇所引發的疑惑蒙蔽了。你只有一個選擇。唯有作出那個選擇，你才會看清原來自己根本沒有選擇的餘地。因為只有

> 真理是真的，其他都不是真的。那兒沒有相對之物供你挑三揀四。因為根本沒有與真理相反之物。（W-138.4）

> 你豈能保留某些夢境，再由其他夢裡醒過來？你的選擇不在於你想要保留哪一類的夢，而是你究竟想要留在夢裡還是由夢中覺醒？（T-29.IV.1:4~5）

選擇之所以變得如此複雜，是因為我們自認為能夠為自己作出最好的決定。我們所憑藉的，正是自己的判斷，而且全都基於過去的經驗。這也導致了令人遺憾的後果，使過去一直活在我們心中。我們根據過去塑造未來，很少甚至根本沒有為真正的改變留出空間，至今仍然存心視而不見弟兄的本來面目，寧可把他們看作一個競爭對手，只有在特定情況下才會彼此合作。然而，任何結盟都是暫時性的，合作很快就轉變成競爭。難怪我們在所有人際關係中都無法完全自在，或者充滿信心；因為我們所作的每個決定的背後都隱藏著恐懼。

正如本章一開始所提到的，我們極需外援來教導我們分辨真相與幻相。為此，上主創造了聖靈，也唯有聖靈才能同時看到真相與幻相。我們只需請祂幫我們作出決定，不再在幻相與幻相之間挑來選去，祂必會引領我們直抵那唯一的真相。要做到這一點，就必須先承認自己沒有能力作出正確的判斷，聖靈才有。如此，才可能心甘情願地把決定權交託到祂手裡。〈正文〉是這樣教導我們的：

> 你只需對聖靈說：「為我作決定吧！」萬事便如此成就了。因祂的決定只可能反映出祂所知道的你，在這光明下，是不可能產生任何差錯的。既然聖靈為你所作的每個決定都藏有一切的真相，你何苦枉費心機去揣測自己不可能知道的事？向祂的智慧及愛學習吧，並將祂的答案教給所有仍在黑暗中奮鬥的人。（T-14.III.16:1~4）

> 在你為自己作出任何決定前，請記住你始終在抗拒自己應負的天堂任務；此刻不妨三思，你還想繼續這樣自作主張嗎？你在世只有一個任務，就是承認自己一無所知，並下定決心不再自作聰明。那麼，你還能決定自己該做什麼嗎？把一切決定交託給上主的代言人吧！祂知道你的任務，也會為你發言的。（T-14.IV.5:1~4）

本課程還告訴我們，不論我們相信什麼，也不論何時何地何種境遇，真正的決定其實只有一個，那就是在靈性或身體、聖靈或小我、真相或幻相之間作一選擇。請注意，這裡所強調的仍然是「放下」。只要我們還自以為知道什麼才是最佳答案，甚至知道什麼才是比較「正確」的，我們就沒有給聖靈任何機會，反而肯定了分裂之境以及我們在其中的角色，結果就是繼續作夢、讓自己昏睡下去。

面對眾多的決定，我們往往難以看清它們背後那個最根本的決定。為此，《聖經》才提醒我們：「憑著他們的果子，就可以認出他們來。荊棘上豈能摘葡萄呢？蒺藜裡豈能摘無花果呢？」（〈馬太福音〉7:16）。《奇蹟課程》則進一步提醒：「你們可憑他們的果實辨別他們，他們也會認出自己的真相的。」（T-9.V.9:6）與小我一起作決定，絕不會帶來幸福。與聖靈一起作決定，幸福乃是必然的結局，但它可能以令人意想不到的形式出現。明白了這一點，還有誰不願選擇幸福呢？

那麼，該如何實踐呢？但凡重大的決定，都請教一下聖靈，實屬明智之舉。事實上也很有必要！至於一些瑣碎小事，是否每一件都要向祂詢求？當然可以，但這未必有多大幫助，因為那些決定往往影響不大，甚至微不足道。

其實，與其硬逼著自己去詢問每一個決定，不如一早醒來就把「今天一整天」交託給聖靈，然後在這一整天裡都記得肯定自己的靈性真相。只需如此付諸實踐，那些決定自然會水到渠成，幾乎不費吹灰之力。

身為奇蹟學員，我們的首要之務即是：下定決心**不再**自行決定任何事情。但前提是必須明白這兩點，其一，我們沒有能力作出真正的決定；其二，我們自以為面臨的決定全是虛幻的，因為它們全都根植於小我以及它的世界。當輪船即將沉沒時，救生艇的顏色還重要嗎？唯一重要的是在救生艇上保有一個位置。

試想，如果你家五歲的小女兒堅持要開車，你當然會溫和而堅定地說：「不！」你絕不會為了滿足她的一時興起，而將她和別人置於危險之中。但你這個大人卻可以開車帶女兒去她想去的地方，如此既有把握也更安全。這有點像我們與聖靈之間的關係，祂知道如何決定才符合我們的最大利益，而我們卻不知道；我們就讓祂「開車」好了。

一個人的決定等於所有人的決定

我們自認為是獨一無二的個體，這個信念不過是一種狂妄粗鄙的造作，純屬小我捏造出來的謊言，目的就是讓我們忘記自己在上主內的真實身分。在這謊言中所作的任何決定，對我們毫無幫助，最多只是讓我們保持睡夢的狀態，也因而帶來更多的傷害。

上述真相的意涵確實令人匪夷所思，乍聽之下甚至覺得有點瘋狂。唯有在實際應用後，見證結果了，真相才得以確立。個體單獨所作的任何決定，不論涉及哪一方面，都毫無益處，因為那些決定的基本前提完全錯誤。要記得，你我並非獨立的個體，而是和所有人一樣，都是上主之子，共享同一真實自性。只因我們已經忘記了這一點，才亟需聖靈來為自己作決定。祂從未忘記、也絕不會忘記我們的真實自性。〈正文〉更是直接點明：

> 你是不可能憑自己或為自己作任何決定的。上主之子任何一個念頭所產生的後果絕不僅止於他一人。每個決定都指向整個聖子奧體，不分內外，它的影響無遠弗屆，涵攝之廣亦超乎你的想像。（T-14.III.9:3~5）

這看似要求我們擔當起重任，〈練習手冊〉也說過：「一切救恩有賴於我的決定。」（W-238）我們真的要對**每一個人**負責嗎？是的……也不全是。因為我們日前還是如此堅信自己不可能真正得救，這其實正是小我抵制救恩的一種防衛措施。

是的，我們必須為整個聖子奧體負起責任，因為那才是我們的真實身分。但我們會向聖靈求助，這正是上主創造祂的目的。因為上主願我們親自接受救贖並覺醒過來，而且結局已定，我們根本沒有能力違背上主的旨意。至此，尚未得到答覆的只剩下一個問題：「在時空世界裡，達此結局需要多久？」終究來講，這個問題也不成立，因為時間只是幻相的一部分。從永恆的角度去看，這一切其實早已完成了。我們不妨再重溫一下這兩段話：

> 聖靈的教法則從「你該選擇什麼」開始，最後教你

看出，你根本沒有選擇的必要。祂便如此將你的心靈從選擇的層次提升至天國的創造層次了。

聽從聖靈的選擇，能將你導向天國。你是靠自己的實存生命而創造的，但你得先學會憶起自己的本來真相才行。（T-6.V-三.4:9~5:2）

在天堂的一體境界，無需選擇，因為那裡沒有差異，故也沒有任何選項，只是純然合一與幸福之境。然而，在抵達此境以前，「選擇與聖靈同在」成了我們在世上的唯一任務，因為這是我們擺脫幻境迷宮的唯一途徑。

我們之前提過，《奇蹟課程》是全息式的。如果狀似分裂的個體之我有一部分是真的，那麼，它們全都是真的。為什麼呢？因為聖子奧體**沒有部分之別**，而是一個不可分割的整體；每個「部分」本身就等於整體。〈正文〉曾明確指出：「你是明白每一部分都是整體，而整體也在每一部分之中的，這對你原是最自然的事，因為這是上主的思維方式；凡是合乎上主天性的，必然合乎你的天性。」（T-16.II.3:3）這充分解釋了〈練習手冊〉第一百三十七課為何說「當我痊癒時，我不是獨自痊癒的」。正如本課程所言，真正的療癒必會化解分裂之念，並且重新覺醒於我們的真實自性。當我們為自己這個「個體」完成這一大業時，也同時治癒了整個聖子奧體的分裂幻境。

基於《奇蹟課程》對我們天性的了解，〈正文〉這段引言講得再確切不過了。我們每一個人既是基督之心的一部分，又是整個基督之心；我們所獲得的任何療癒都會影響到這兩個層面。遺憾的是，我們早已認定彼此都是各自獨立的個體，故先得親自接受救贖，方能徹底清除這種錯覺。究竟來說，我們從未分開過。故「個體」的療癒只是整個聖子奧體的療癒不可或缺的一環，而聖子奧體才是我們的真實自性。唯有藉助基督的慧眼，認出兄弟姐妹的本來面目，才能療癒自己；而他們也會在我們身上看到同一光明。隨著身體逐漸隱退，靈性成了我們的生命實相，合一取代了分裂，最終，我們都會回歸到一體之境的。但是，除非我們作出選擇，否則這一切都不可能發生。準此而言，我們必須作出一個**決定**：「我只想要這個，沒有其他目標，也絕不受小我干擾。」至於我們選擇療癒哪些關係，並無關緊要。我們只是迷失而且無知罷了，最好就讓聖靈依照祂的真知以及我們的願心來轉變**所有**的人際關係吧，這樣日子會好過得多。

最後，讓我們用〈正文〉一段鼓舞人心的話，作為本書的結語：

> 你若不著眼於血肉之軀，就會認出靈性。兩者之間沒有中間地帶。一個若是真的，另一個必是假的，因為真的必會否定假的。你只能看到一個選擇。你就此而作的選擇，決定了你之所見；你不只會認定

所選之物存在，還會堅信它真實不虛。你的整個世界就是建立在這個選擇上，因為這個選擇決定了你相信自己是血肉之軀還是靈性生命。你若選擇肉身，便會死守身體作為你的現實，因你已選擇了自己想要的存在形式。你若選擇了靈性，整個天堂都會俯身輕吻你的眼睛，祝福你眼前的神聖景象，你便會明瞭這個有血有肉的世界正等待著你的療癒、安慰與祝福。（T-31.VI.1）

奇蹟資訊中心出版系列：

《奇蹟課程》
（A Course in Miracles）——新譯本

《奇蹟課程》是二十一世紀的心靈學寶典，更是近年來各種心理工作坊或勵志學派的靈感泉源。中文版已在1999年由若水譯出，並由作者海倫．舒曼博士所委託的「心靈平安基金會」出版。

新譯本乃是根據「心靈平安基金會」2007年所出版的「全集」，也是原譯者若水在「教」「學」本課程十年之後再次出發的精心譯作。全書分為三冊：第一冊：〈正文〉；第二冊：〈學員練習手冊〉；第三冊：〈教師指南〉、〈詞彙解析〉以及〈補編〉的「心理治療」與「頌禱」二文。新譯本網羅了《奇蹟課程》所有的正式文獻，使奇蹟讀者從此再無滄海遺珠之憾。**（全書三冊長達1385頁）**

《奇蹟課程》
〈學員練習手冊〉新譯本隨身卡

《奇蹟課程》第二冊〈學員練習手冊〉共三百六十五課，一日一課地，在力求具體的操練中，轉變讀者看事情的眼光，解開鬱積的心結。

若水由十餘年的奇蹟課程教學譯審經驗出發，全面重譯這部曠世經典。新譯版一本經典原文的精確度，語意更為清晰，文句更加流暢。精煉再三的新譯文，吟誦之，琅琅上口，饒富深意，猶如親聆J兄溫柔明晰的論述，每天化解一個心結，同享奇蹟。

為方便現代人在忙碌生活中操練每日一課，經三修三校的重譯版，首度以隨身卡形式發行，以頂級銅西卡精印，紙版尺寸8.5×12.6公分，另有壓克力卡片座供選購。**（全套卡片共250張）**

奇蹟課程導讀與教學系列

《奇蹟課程》雖是一部自修性的課程，只因它的理論架構博大精深，讀者常易斷章取義而錯失精髓，故奇蹟資訊中心陸續推出若水的導讀系列、米勒導讀，以及一階理論基礎及二階自我療癒DVD、其他演講錄音或錄影教材，幫助讀者逐漸深入這部自成一家之言的思想體系。

若水導讀系列

（一）《創造奇蹟的課程》**（全書272頁）**
（二）《生命的另類對話》**（全書272頁）**
（三）《從佛陀到耶穌》**（全書224頁）**

若水在這三冊中，解說《奇蹟課程》的來龍去脈與理論架構，透過問答的形式，說明崇高的寬恕理念如何落實於生活中；最後透過《奇蹟課程》的理念，闡釋佛陀和耶穌這兩位東西方信仰系統的象徵，在實相裡並無境界之別，而只有人心的「小我分裂」與「大我一體」的天壤之隔。

米勒導讀

《奇蹟半生緣》

一位慧心獨具卻不得志的記者，三十多歲便受盡「慢性疲勞症候群」的折磨，群醫束手無策，他在走投無路之下，不禁自問：「究竟是誰把我這一生搞得這麼慘？」

《奇蹟課程》讓他看到，自己竟是一切問題的始作俑者。他對這一答覆百般抗拒，直到有位心理治療師對他說：「恭喜你！你若讀得下這本書，大概就不需要心理治療了！」

《奇蹟半生緣》全書穿插作者派屈克．米勒浮沉人生苦海的經歷，但他並不因此獨尊自身的經驗和詮釋，而以記者客觀實証的精神，遍訪散居全美各地的奇蹟講師與學員，甚至傾聽圈外人的質疑。本書可說是一部美國奇蹟團體的成長紀實。**（全書319頁）**

奇蹟課程有聲教學教材

奇蹟資訊中心歷年發行《奇蹟課程》譯者若水的演講錄音或錄影光碟，將《奇蹟課程》的抽象理念與現實生活銜接起來，幫助讀者了解《奇蹟課程》的精髓所在，是奇蹟學員不可或缺的有聲輔讀教材，由於教材內容每年不盡相同，欲知詳情，請上網查詢。
www.acimtaiwan.info 奇蹟課程中文網站
QJKC1314 微信公衆號（官方賬號）

肯恩實修系列

《奇蹟原則50》

許多讀者久仰《奇蹟課程》之盛名，興沖沖地讀完短短的導言後，就怔忡在一條一條有如天書的「奇蹟原則」之前。讀了後句忘前句，「奇蹟」的概念好似漂浮在字裡行間，始終無法在腦海中落腳，以至於閱讀了一兩頁之後便後繼無力，難以終篇，竟至棄書而逃。

「奇蹟原則」前後五十條，其實是整部課程的濃縮，若無明師指點，讀者通常都不得其門而入。於今多虧奇蹟泰斗肯尼斯旁徵博引，以深入淺出而又幽默的答問形式，將寬恕與奇蹟的精神落實於生活中，為初學者乃至資深學員提供了一個實修的指標。**（全書209頁）**

《終結對愛的抗拒》

追尋心靈成長的人，學到某個階段往往面臨一個瓶頸：儘管修習多年，一遇到某種挑戰，就不自覺地掉回原地，因而自責不已。問題到底出在哪裡？

佛洛依德在他的臨床經驗中，驚異地發現，病人的潛意識中有「拒絕療癒」的本能，肯尼斯根據《奇蹟課程》的觀點，犀利地剖析人們「拒絕療癒或轉變」的原因，又仁慈地為讀者指出穿越小我迷霧的關鍵，由停滯不前的窘境中突圍。對於追尋心靈成長和平安的人而言，本書不但有提點指授的功效，更有當頭棒喝的力道。**（全書109頁）**

《親子關係》

坊間論及親子問題的書籍可謂汗牛充棟，泰半繞在親子關係複雜且微妙的糾結情懷，唯獨肯尼斯．霍布尼克不受表象所惑，借用《奇蹟課程》的透視鏡，澈照出親子之間愛恨交織的真正關鍵。

本書表面上好似在答覆「如何教養子女」、「如何對待成年子女」以及「如何照顧年邁雙親」等具體問題，它其實是為每一個人點出我們在由「身為兒女」，到「照顧兒女」，繼而「照顧雙親」的艱苦過程，以及我們轉變知見時必然經歷的脫胎換骨之痛。**（全書238頁）**

《性．金錢．暴食症》

在紛紜萬象的世界裡，性、金錢與食物可說是人生問題的「重頭戲」，最易牽動小我的防衛機制，故也最具爭議性。作者肯恩沿用《奇蹟課程》中「形式與內涵」的層次觀念，針對性、金錢等等所引發的光怪陸離現象（形式），揭露它們背後一貫的目的（內涵）——小我企圖藉無止盡的生理需求，抹滅心靈的存在，加深孤立、匱乏、分裂等受害感，最後連吃飯、賺錢與性交都可能變成一種攻擊的武器。

肯恩與學員的趣味問答，反映出我們日常是如何受制於這些生理需求的；然而，我們也能藉聖靈之助，將現實挑戰化為人生教室，將小我怨天尤人的陰謀，轉為寬恕與結合的工具。**（全書196頁）**

《仁慈——療癒的力量》

這是一部針對奇蹟教師及資深奇蹟學員的實修指南。全書分上下兩篇，上篇列舉奇蹟學員常有的現象，例如以奇蹟之名攻擊他人，或以善意為由掩蓋自己批判的心態；下篇探討如何用仁慈的眼光來看待自己與他人的缺陷，教我們將自身的限制或缺陷轉為此生的「特殊任務」，在人間活出寬恕的見證，成為聖靈推恩的管道。**（全書251頁）**

《逃避真愛》

本書是針對道理全懂卻難以突破的資深學員而寫的，它一針見血地指出，綑綁我們修行腳步的，不是世界的黑暗，也非人間的牽絆，而是自己打造出來的一道心牆。

只因我們深怕真愛會消融了自己的特殊性，故把心靈最深的渴望隱藏到心牆之後，與之「解離」，在人間展開一場虛虛實實又自相矛盾的追尋。一邊痛恨小我的束縛，一邊又忙著為小我說項；以至於內心有一部分奮力向前，另一部分則寧可原地觀望。藉著裝傻、扭曲、辯駁，把回歸真愛的單純選擇渲染成複雜又艱深的學問。

《逃避真愛》溫柔地解除了人心無需有的恐懼，讓我們明白心牆的「不必要」，陪伴我們無咎無懼地跨越過去。**（全書156頁）**

《假如二二得五》

從古至今，多少人心懷救苦救難的大志，傾注一生之力貫徹自身理想，卻往往受現實所囿而終不能及。我們這些凡夫俗子，亦不乏拼搏自救之心，然而在現實面前，還是屢屢敗陣，活得憋屈而無奈。問題究竟出在哪裡？

對此，本書剴切提出：整個世界其實一直按照 2＋2＝4 的「鐵律」來運作，萬物循著固定的軌跡盈虧盛衰，一切可謂「命中註定」，無怪乎歷史上的種種救世之舉皆以失敗告終。然而，《奇蹟課程》識破世界的詭計，小我既然使出 2＋2＝4 的苦肉計，它便祭出 2＋2＝5 的救贖原則，破解小我編織的羅網，溫柔地引領我們走出世界的幻境。本書即是教導我們，如何在貌似 2＋2＝4 的世界活出 2＋2＝5 的生命氣象，而且更進一步，迎向天地間唯一真實的等式 1＋1＝1。**（全書171頁）**

《駱駝・獅子・小孩》

本書書名出自德國哲學家尼采的代表作《查拉圖斯特拉如是說》裡的「三段蛻變」──駱駝、獅子、小孩。這則寓言提綱挈領地勾勒出靈性的發展過程，尼采的幾項重要論點，包括強力意志、超人、永劫輪迴，也在肯恩博士精闢的詮釋之下，與奇蹟學員熟悉的抉擇心靈、資深上主之師、小我運作模式等觀念相映成趣。

肯恩博士為奇蹟學員引薦這位十九世紀天才的作品，企盼在大家為了化解分裂與特殊性而陷入苦戰之際，可以由這本書得到鼓舞和啟發。我們終將明白，唯有「一小步又一小步」的前進，從駱駝變成獅子，再進一步蛻變為小孩，不跳過任何一個階段，才能抵達最後的目標。**（全書177頁）**

肯恩《奇蹟課程釋義》系列

《奇蹟課程序言行旅》

如果說《奇蹟課程》是一首曠世交響曲，《序言》便奠定了整首樂曲的氣質與基調，不僅鋪敘出奇蹟交響樂的關鍵理念，還將讀者提昇到奇蹟形上思想的高度和意境，堪稱《正文行旅》最佳的暖身之作。

肯恩有如一流的樂評家，領著讀者，在宏觀處，領受樂章磅礴的主旋律，在微觀處，諦聽暗藏其中的千百種變奏，致其廣大，盡其精微，深入課程之堂奧，回歸心靈之家園。**（全書121頁）**

《正文行旅》（陸續出版中）

《奇蹟課程》在人類靈性進化史上的貢獻可謂史無前例，而《正文行旅》乃是《奇蹟課程釋義》三部曲的完結篇。肯恩由文學，詩體，音樂三重角度，依循各章節的主題，提供了「重點式」以及「全面性」的導覽，幫助學員深入奇蹟三昧，沉浸於智慧與慈悲之海。

這部行旅可說是肯恩一生教學的智慧結晶，奇蹟學員浸潤日久，必會如他所願：奇蹟，發自心靈，必將流向心靈。**（第一冊335頁，第二冊314頁，第三冊331頁）**

《學員練習手冊行旅》（陸續出版中）

整套《奇蹟課程釋義》的問世，可說是無心插柳。1998年起，肯恩應學生之請，為〈學員練習手冊〉做了一系列的講解，基金會將研習錄音增編彙整為逐句詮釋的〈練習手冊行旅〉。此案既定，〈正文行旅〉以及〈教師指南行旅〉應運而生，為奇蹟學員提供了最完整且精闢的修行指針，訂名為《奇蹟課程釋義》，幫助學員將〈正文〉理念架構所引伸出來的教誨，運用到現實生活中。這三部《行旅》，可說是所有踏上奇蹟旅程的學員最貼心的夥伴。

《學員練習手冊行旅》的宗旨，乃是幫助奇蹟學員了解三百六十五課的深意，以及它們在整部課程中的作用。更重要的是，幫助學員將每日一課運用於現實生活中，否則《奇蹟課程》那些震古鑠今之言可謂枉費唇舌，徒然淪為一套了無生命的學說。**（第一冊346頁，第二冊292頁，第三冊234頁，第四冊337頁，第五冊289頁，第六冊289頁）**

《教師指南行旅》
（共二冊，含《詞彙解析行旅》）

〈教師指南〉是《奇蹟課程》三部書的最後一部，它以「如何才是上主之師」為主軸，提綱挈領地梳理出〈正文〉的核心觀念，全書以提問的形式鋪敘而成，為其他兩部書作了最實用的補充。

肯恩在逐句解說〈教師指南〉時，環繞著兩個主題：「個別利益」對照「共同福祉」，以及「向聖靈求助」。因為若不懂得向聖靈求助，我們根本學不會「共享福祉」這門功課。當然，全書也穿插不少副題，如「形式與內涵」、「放下判斷」等等，就像貝多芬的偉大樂章那樣，不時編入數小節旋律，讓主題曲與變奏曲銜接得更加天衣無縫。肯恩說：「我希望藉由本書讓學員看出，耶穌是如何高明地把他的基本訊息串連為一個整體，一如交響樂以主旋律與變奏曲那般交叉呈現、迴旋反覆地將我們領上心靈的旅程。」**（第一冊337頁，第二冊310頁）**

羅森濤紀念專輯

《從失心到一心》

作者歷盡千帆，融合畢生經驗智慧，為後來人指點出路。議題精深幽渺，在作者筆下卻有聲有色、有滋有味，上至東西方宗教哲學、心理學、物理學、社會學、人類學、神經生物學，下至科幻電影、電腦技術、流行歌曲、童謠玩具，細緻入微，抽絲剝繭，全面解構世人習以為常的人生現實，一舉揭破「失心」的千古內幕，進而點出回歸「一心」的出離之途，讓讀者在人生苦旅走出一條充滿奇蹟與真愛的道路。**（全書300頁）**

《從情愛到真愛》

顧名思義，本書的主題即是「轉化關係」。何謂關係？又何謂關係的目的？羅森濤博士提出了嶄新的見解：關係並不僅僅是兩個乃至於多個特殊個人之間的相互關連狀態；而「關係的目的」所在，則是人藉著與他人的相互關連狀態，來從中學會如何在創造我們的真愛（也就是上主聖愛）的反射中，讓所有的關係都能大放光明。只要懷抱這個目標，關係不僅會轉化，並且是以某些看似不可思議的方式轉化，而那些方式是無法用理性來解釋或了解的。尤其是，那些關係的轉化並非由於我們的外在行為，而是由於我們的身分（聖愛），以及我們對真相的記憶。這正是《奇蹟課程》的獨有法門。**（全書329頁）**

《從恐懼到永恆》

本書是羅森濤系列著作的第三部作品。《奇蹟課程》引領我們踏上的這段旅程，絕非外在之旅，因為身體的層次只能在舊有的物質世界打轉；相反的，它，純屬一段內心之旅。在這過程中，我們的心靈學會了轉變對自我身分和本質的錯誤認知，讓我們覺醒於自己的靈性真相。這一真相永恆不易，不論我們做了什麼，也不論我們如何緊閉雙眼，拒它於千里之外，它都永不改變。要知道，我們沒有改變真相的能力，因為它出自上主的創造。為此，這段旅程其實就是「從恐懼到永恆」的旅程。**（全書174頁）**

其他出版品

《寬恕十二招》

《寬恕十二招》的作者保羅．費里尼，有鑒於人們的想法與情緒反應模式，早已定型僵化，成了一種「癮」，不是一朝一夕可以化解得掉的。因此，他將《奇蹟課程》的寬恕理念，分解為十二步驟，一步一步地引導我們超越自卑、自責以及過去的創痛，透過自我寬恕而領受天地的大愛。這是所有準備好負起自我治癒之責的人必讀的靈修教材，也是曠世靈修經典《奇蹟課程》的輔讀書籍。**（全書 110 頁）**

《無條件的愛》

作者保羅．費里尼繼《寬恕十二招》之後，另以老莊的散文筆法，細細描述我們每一個人心中都擁有的「無條件的愛」。他由大我的心境出發，以第一人稱的對話方式，直接與讀者進行心與心的交流，喚醒我們心中沉睡已久的愛，開啟那已被遺忘的智慧。此書充滿了「醒人」的能量，是陪伴你走過人生挑戰的最好伙伴。**（全書 215 頁）**

《告別娑婆》

宇宙從哪兒來的？目的何在？我究竟是什麼？為什麼會在這裡？我要往哪裡去？我該怎麼活在這個世界裡？當你讀完本書，會有一種「千年暗室，一燈即亮」的領悟。

全書以睿智而風趣的對話談當今世局、原子彈爆炸，一直說到真愛、疾病、電視新聞、性問題與股價指數等等，讓我們對複雜詭異的人生百態，頓時生出「原來如此」的會心一笑。它說的雖全是真理，讀起來卻像讀小說一樣精彩有趣，難怪一問世便成了西方出版界的新寵。**（全書 527 頁）**

《一念之轉》

作者拜倫．凱蒂曾受十餘年的憂鬱症所苦，一天早上，她突然覺悟了痛苦是如何形成又如何結束的。由此經驗中，她發明了四句問話的「轉念作業」(The Work)，引導你由作繭自縛中徹底脫身，是一本足以扭轉你人生的好書。**（全書 448 頁，附贈轉念作業個案 VCD）**

《斷輪迴》阿頓與白莎回來了！

繼《告別娑婆》走紅之後，葛瑞的生活形態發生重大的轉變，也面臨了更多的挑戰。葛瑞仍是口無遮攔地談八卦、論是非、臧否名流，阿頓和白莎兩位上師在笑談棒喝中，繼續指點葛瑞如何在現實挑戰下發揮真寬恕的化解 (undo) 功能，徹底瓦解我執，切斷輪迴之根。**（全書304頁）**

《人生畢業禮》

本書是保羅與Raj在1991年的對話記錄。對話日期雖有先後，內涵卻處處玄機，不論由哪一篇起讀，都會將你導入人類意識覺醒的洪流。

Raj借用保羅的處境，提醒所有在人間孤軍奮鬥的人，唯有放下自己打造的防衛措施，才可能在自己的心靈內找到那位愛的導師。也唯有從這個核心出發，我們才會與所有弟兄相通，悟出我們其實是一個生命。**（全書 288 頁）**

《療癒之鄉》

《療癒之鄉》中文版由美國「獅子心基金會」委託台灣「奇蹟資訊中心」出版。

作者羅賓．葛薩姜把《奇蹟課程》深奧又慈悲的教誨化為一套具體的情緒啟蒙和心靈復健課程，協助犯罪和毒癮的獄友破除心理障礙，學習處理人與人之間的衝突，調整情緒，建立自信，切斷「憤怒→攻擊→憤怒」的惡性循環。《療癒之鄉》陪伴無數受刑人度過獄中歲月。

《療癒之鄉》也是為所有困在自己心牢裡的讀者而寫的。世間幾乎沒有一人不曾經歷童年的創傷、外境的壓迫，以及為了生存而形成種種不健康的自衛模式。獄友的心路歷程給予我們極大的啟發，鼓舞我們步上心靈療癒之路。**（全書 440 頁）**

《我要活下去》

這本書不只是一本鼓舞信心的療癒指南，還是一個女人把自己從鬼門關前拉回來的真實故事。

作者朱蒂．艾倫博士（Judy Edwards Allen, Ph.D.）原本是成功的專業顧問、大學教授、大學教科書作者，四十歲那年獲知罹患乳癌的「噩耗」，反而成為她生命的轉捩點，以清晰、熱情的文筆，記錄了她奮力將原始的求生意念成功地轉化為「康復五部曲」的歷程。讀者會看到她如何軟硬兼施地與醫生打交道，如何背水一戰克服無助感，又如何透過寬恕，喚醒內心沉睡已久的愛與生命力。最後，她終於超越自己對生死的執著，在這一場疾病與療癒的拔河大賽中，獲得了靈性的凱旋。**（全書280頁）**

《時間大幻劇》

人們對於時間，存在著種種截然不同的看法，比如：時間是良藥，可以癒合一切創傷；善惡終有報，只等時候到；時間是無情的殺手，終將剝奪我們的一切……。人類早已視時間的存在為天經地義，戰戰兢兢地活在過去的懊悔、現在的焦慮和對未來的恐懼中。我們好似活在一座無形的牢籠裡，苟延殘喘，等待大限的到來。

《奇蹟課程》的泰斗肯恩博士曾說：「不了解時間，不可能讀懂《奇蹟課程》的。」他引經據典，將散落全書有關時間的解說，梳理出一個完整的思想座標，猶如點睛之龍，又如劃破文字叢林的一道靈光，讓我們

一窺《奇蹟課程》的究竟堂奧（究竟義）。此書可說是肯恩留給奇蹟資深學員最珍貴的禮物。**（全書413頁）**

《奇蹟課程誕生》

《奇蹟課程》的來歷究竟有何玄虛？為什麼它選擇經由海倫·舒曼博士來到人間？它的記錄方式及成書過程，與它傳給人類的訊息有何內在關係？有幸親炙此書的我們，又該如何延續奇蹟精神的傳承？

不論你只是好奇《奇蹟課程》的精采傳奇，還是有心以「史」為鑒，窮究奇蹟的傳承精神，本書都提供了最可靠的第一手資料。作者因與茱麗、海倫與比爾等人交往密切，故受這些開山元老之託，冷靜而客觀地梳理《奇蹟課程》的記錄及成書經過，佐以三位奇蹟元老的親筆自白，融鑄成一部信實可徵的《奇蹟課程》誕生史，帶領讀者重新走過五十年前那段精采神奇的心靈歷程。**（全書195頁）**

《飛越死亡的夢境》

本書榮獲美國出版界著名的「活在當下書籍獎」(Living Now Book Awards)，全書以嶄新的視角詮釋曠世靈修經典《奇蹟課程》的教誨，為讀者剴切指出「起死回生」的著力點。

作者特別選取在人間每個角落不時作祟的「死亡陰影」入手，揭露小我抵制永恆生命的伎倆。作者以親身的經歷為奇蹟作證，並且提供了極其實用的反省練習，解除我們潛意識中對死亡的恐懼，為百害不侵的生命本質開啟了一扇門，真愛與喜悅得以流過人間，讓奇蹟成為日常生活裡「最自然的事」。**（全書524頁）**

國家圖書館出版品預行編目資料

羅森濤紀念專輯之三：從恐懼到永恆／羅伯特・羅森濤（Robert Rosenthal）著；王敬偉・若藏合譯 -- 初版 -- 臺中市：奇蹟課程有限公司奇蹟資訊中心，2024.07
面；　公分
譯自：From Fear to Eternity
ISBN 978-626-96278-8-2（平裝）
1. CST: 靈修
192.1　　113009551

羅森濤紀念專輯之三
從恐懼到永恆
From Fear to Eternity

作　　者　羅伯特・羅森濤（Robert Rosenthal）
譯　　者　王敬偉　若藏
責任編輯　李安生
校　　對　李安生　黃真真　吳曼慈
封面設計　不倒翁視覺創意工作室
美術編輯　陳瑜安工作室
出　　版　奇蹟課程有限公司・奇蹟資訊中心
台中市潭子區福潭路143巷28弄7號
聯絡電話　（04）2536-4991
劃撥訂購帳號　19362531　戶名　劉巧玲
網　　址　www.acimtaiwan.info
電子信箱　acimtaiwan@gmail.com

印　　刷　世和印製企業（02）2223-3866
經銷代理　聯合發行公司
電話（02）2917-8022 # 162
（03）212-8000 # 335

定　價　新台幣 240元
出版日期　2024 年 7 月初版

ISBN　978-626-96278-8-2